대화가
무서운
사람들을 위한 책

대화가 무서운 사람들을 위한 책

리처드 갤러거 지음
박여진 옮김

불안 전문 심리치료사가 알려주는
스트레스 없는 대화법

현대지성

□ □ □ 추천사 □ □ □

혹시 누군가와 대화를 나누는 게 두려운가? 그렇다면 당신은 이미 대화에 소질이 있는 사람이다. 타인의 시선을 의식한다는 것은 그만큼 높은 사회인지를 가지고 있다는 뜻이니까. 이 책은 당신의 소질을 각성시키고 실제 상황에서 발휘하는 방법을 알려준다. 어떤 주제로 대화를 해야 할지 모르겠다면, 무슨 말을 해야 할지 막막하다면 이 책을 적극 추천한다.

타인과 소통이 잘 되지 않으면 아무리 마음의 힘을 키우려고 애써도 효과가 절반밖에 나타나지 않는다. 이 책은 당신의 마음속 나머지 절반을 채워주고 한 번도 경험한 적 없는 대화의 재미를 알려줄 것이다.

＊ 최설민 대표, 83만 유튜브 채널 '놀면서 배우는 심리학' 운영자

수줍음이 많거나, 내향적이거나, 불안에 시달리거나, 혼자 지내는 데 익숙한 편이라면 이 책을 읽어보라. 이 책은 대화하는 방법을 주로 다루고 있지만, 불안을 관리하는 데도 큰 도움이 된다. 리처드 갤러거는 심리치료사로서 불안의 심리적 배경부터 실제 대화 시나리오까지 대화에 관한 모든 것을 알려준다.

＊ 캐럴 로스Carol Roth, 아마존 베스트셀러 『당신은 사업가입니까』 저자

누구나 대화를 나눌 때 어느 정도 불안을 경험한다. 심지어 매우 성공한 사람들도 마찬가지다. 이 책은 불편한 대화를 편안하게 만들어주는 방법을 단계별로 안내하고 있다.

＊ 패트리샤 로시Patricia Rossi, *Everyday Etiquette* 저자, NBC 주간 특파원

사람들과 만나는 게 불편하고 자신이 없다면 이 책이 꼭 필요할 것이다. 이 책은 대화에 관한 생각을 완전히 바꾸어준다. 리처드 갤러거는 가장 두려운 대면의 순간을 부드럽게 만드는 소통의 달인으로, 대화를 편하게 만드는 방법뿐 아니라 그 속에서 즐거움과 유익을 얻는 방법까지 친절하게 알려준다.

＊ 메린 서틀Maryn Suttle, *Who's Your Gladys* 공저자

목차

□ □ □ 들어가며 □ □ □

스트레스 없이 능숙하게 대화를 주고받기 위한 첫 단계에 들어선 것을 환영한다.

대화는 일상에서 필수적인 부분이다. 우리는 말문이 트인 순간부터 대화를 하며 살아간다. 많은 이에게 대화는 호흡처럼 자연스럽다. 말을 하면 상대가 반응하고, 상대가 반응하면 거기에 또 맞장구를 치면서 대화가 이어진다. 사람들은 테니스 경기처럼 말을 주거니 받거니 하며 자연스럽고 편안한 시간을 보낸다.

하지만 어떤 이들에게는 대화의 무게가 전혀 다르게 느껴진다. 마치 눈부신 조명 세례를 받으며 무대 위에 선 기분, 자신의 한 마디 한 마디를 기다리는 관중 앞에 선 듯한 기분을 느끼는 사람도 있을 것이다. 이런 상태에서는 말 한마디라도 실수하면 관중이 알아챌 것 같은 두려움에 압도당하기 쉽다.

나는 두려움이나 공포Phobia 같은 불안장애를 치료하는 심리치료사다. 직업의 특성상 사회불안장애social anxiety disorder(불안장애의 일종으로 다른 사람과 상호작용하는 상황에서 지속적으로 불안과 공포를 느끼는 현상—옮긴이)로 고통받는 이들을 자주 만난다. 하버드대학교의 로널드 케슬러Ronald Kessler 박사가 진행한 설문 조사에 따르면, 약 12%의 사람이 이런 두려움으로 평생 고통당하며 그중 일부는 심신이 쇠약해지기도 한다.

대화할 때마다 괴로움과 굴욕감을 느껴 아예 대화 자체를 피하는 사람도 있다. 상담 치료를 하면서 다른 사람과 말하는 것이 두려워 직장이나 학교에 가지 못하는 사람, 심지어 집 밖으로 한 걸음도 나가지 못하는 사람을 많이 만나봤다.

이 문제로 고통을 겪는 사람들은 생각보다 지적이고 합리적으로 말을 잘하는 경우가 많다. 문제는 소통의 능력이 아니라 자신이 한 말의 사회적 결과나 감정적 결과를 지나치게 걱정하는 데 있다.

하지만 이들이 대화의 기술을 터득하고 나면 마법 같은 일이 벌어진다. 수업에 적극적으로 참여할 수 있게 된다. 데이트도 두렵지 않다. 다른 사람이 어떻게 생각할지 몰라 전전긍긍하지 않고 원하는 말을 한다. 어쩌면 다른 사람들보다 훨씬 더 뛰어나게 소통할 수도 있다.

대화하는 법을 배우는 과정은 여타의 공포를 극복하는 과정과 다르다. 이 과정은 피아노 배우기와 더 비슷하다. 기초적인 내용을 충분히 이해하고 기본기를 탄탄히 다지면 대화의 기술이 크게 발전한다. 사람들을 다정하게 대하고, 좋은 질문을 하며, 자신의 의견을 설득력 있게 제시할 수 있다면, 그리고 무엇보다 사람들의 말을 귀 기울여 들을 수 있다면 두려움은 자신감으로 바뀔 것이다.

이 책의 핵심도 바로 이것이다. 대화는 기술이다. 요리책을 보고 빵 굽는 법을 배우듯 대화도 배우고 익힐 수 있는 기술이다. 모든 대화에는 명확한 원칙과 단계가 있고 이는 얼마든지 습득할 수 있다. 이 간단한 기술만 잘 배우고 연습하면 어떤 자리에서든 자신감 있게 대화를 나눌 수 있다.

여러분은 이 책에서 이전에 보지 못했던 대화법을 발견하게 될 것이다. 연속적으로 구성된 각 단계는 누구에게든 적용 가능하다. 인지행동치료 원칙을 토대로 한 점진적 노출법과 명상 방식을 결합한 대화 전략을 통해 대화의 두려움을 생각보다 쉽게 떨쳐낼 수 있다.

다만, 사회적 불안 증세가 진행 중이거나 점점 심해진

다면 반드시 의학적 도움을 받아야 한다. 이 책은 높은 수준의 스트레스나 잦은 불안 증세로 고통받는 이들을 위한 해결책이 아니며 이런 이들을 위한 치료, 의료 행위, 의학적 진단 등의 대체제도 아니다. 만약 그런 증세가 있다면 머뭇거리지 말고 도움을 청해야 한다. 현재 전문가의 도움을 받고 있다면 치료 과정에 이 책을 활용해도 좋은지 전문가와 편하게 논의해보길 바란다.

한 가지 다행인 점은 사회불안이나 기타 사회적 공포는 치유되는 비율이 매우 높고 대화의 기술을 배우는 과정이 치료에서 중요한 부분을 차지한다는 사실이다. 나는 상담을 받으러 온 환자들에게 운이 좋다는 말을 종종 한다. 다른 곳에서는 이런 기술을 가르쳐주지 않기 때문이다. 적절한 기술을 익히면 대화를 두려워할 필요도, 불안해할 필요도 없다. 이 책이 차분하고 흔들림 없고 자신감 있게 대화할 수 있도록 당신을 도와줄 것이다.

대화가 무섭다고?

“대화. 대화란 무엇인가? 미스터리다!
지루해 보이지 않는 기술이며,
관심을 가지고 세상을 바라보는 기술이며,
소소한 일에 즐거워하고,
아무것도 아닌 일에 매료되는 기술이다.”

• 기 드 모파상

대화는 우리 삶의 필수적인 요소다. 우리는 대화를 함으로써 사람들과 관계를 맺고 세상과 소통한다. 때에 따라 인맥을 넓히고 경력을 쌓기도 한다. 회사에서나 모임에서는 물론이고, 하다못해 택시 안에서도 대화할 일이 생긴다.

소소한 대화는 우리 삶에 가장 중요한 부분이지만 누군가에게는 스트레스의 원천이 되기도 한다. 대화가 무서운 가장 큰 원인은 어떻게 해야 할지 잘 모르겠다는 두려움이다. '무슨 말을 해야 할까? 저들이 내 말에 어떤 반응을 보일까? 얼어붙어서 어떻게 대응해야 할지 모르는 상황이 오면 어쩌지? 내 말이 틀리면 어쩌지? 절대로 그런 일이 있으면 안 되는데!'

두려움을 줄이려면 가장 먼저 두려움 자체를 잘 이해해야 한다. 우선 대화란 무엇인지, 왜 대화가 중요한지, 대화가 우리 삶에서 어떤 역할을 하는지 이 장에서 살펴보자.

대화란 무엇인가?

이 책에서 다루는 대화는 주로 일상생활에서 오가는 가벼운 대화다. 옥스퍼드 영어 사전은 가벼운 대화Small talk를 이렇게 정의한다. "중요하지 않거나 논란의 여지가 없는 주제에 관한 일상적인 대화로 사회 활동에 참여하는 수단이 되는 대화." 바꿔 말하면 대화는 다른 사람과 관계를 쌓는다는 중요한 목적을 가지고 있다. '중요하지 않은' 화두로 나누는 가벼운 대화가 결코 우리에게 가볍게 다가오지만은 않는 것도 이런 이유다.

그렇다면 어째서 대화가 관계를 맺는 첫걸음이 되는 걸까? 무수한 과학적 근거가 있지만 대화가 관계의 시작이 되는 이유는 매우 단순하다. 심리학자들은 그 이유를 '사회인지Social Cognition'에서 찾는다. 사회인지란 타인을 이해하는 체계적인 능력을 말한다. 이는 친구와 적을 구분하는 본능적 반응에 가깝다. 전문가들은 사람의 첫인상이 처음 만난 후 7초 안에 결정된다고 말한다. 대화는 자신이 적인지 친구인지를 타인에게 알려주는 가장 중요한 신호다.

선사시대 때 동굴에서 살았던 인류를 생각해보자. 그들은 동굴 밖에서 다른 사람을 만나면 어떻게 반응했을까? 아마 동굴 밖 낯선 이의 의도에 따라 반응이 달라졌을 것이다. 그가 함께 사냥하고 음식을 구할 동료를 구하고 있는가? 아니면 동굴에 사는 이들을 죽이고 식량과 주거지를 빼앗으려 하는가?

생존뿐 아니라 공동체를 세우고 하나의 종種으로 진화하는 능력까지도 다른 인간이 보내는 신호와 의도를 알아채고 재빨리 반응하는 법을 배우는 데 달려 있었다. '가벼운 대화'라는 말이 주는 어감을 오해해서는 안 된다. 대화는 다음과 같이 사람 사이에 정보를 주고받는 대단히 중요한 수단이다.

□ 대화를 통해 상대에게 어떤 감정을 느끼고 있는지 알 수 있다. 상대에게 호감을 가지고 더 가까워지려

하는가? 상대를 더 많이 알아가려 하는가? 아니면 상대가 귀찮고 성가셔서 건성으로 대화를 이어가는가? 상대에게 전달하는 언어뿐 아니라 태도나 몸짓 같은 비언어적 소통 수단에도 자신이 상대를 어떻게 생각하는지에 관한 많은 정보가 담겨 있다.

□ 대화는 우리가 안전한 존재인지 아닌지를 알려주는 신호다. 누군가와 첫 데이트를 할 때, 늦은 밤 홀로 택시를 탈 때 우리가 흔히 건네는 첫마디에는 상대를 향한 의도가 담겨 있다. 강도가 "참 근사한 밤이네요"라고 인사를 건네지는 않는다. 반대로 낯선 이에게 부적절한 성적 농담을 건넨다면 상대는 위협감을 느낄 것이다.

□ 대화는 자신과 상대가 비슷한 성향이나 성격인지를 판단하는 기준이 된다. 실용적인 성격이라 곧장 본론으로 들어가 비즈니스 이야기를 꺼내는 사람이 있는가 하면 공감 능력과 배려심이 풍부해 상대의 감정을 세심하게 신경 쓰는 사람도 있다. 어떤 이들에게는 특정 방식의 세계, 특정 유형의 사람을 선호하는

완벽주의자 기질이 있다. 상대에게 건네는 말은 자신이 어떤 사람인지, 상대와 자신이 비슷한 삶의 태도를 지녔는지 아닌지 등 많은 정보를 준다.

□ 대화는 공통의 관심사를 파악하는 데도 도움이 된다. 대체로 인간관계는 공통의 관심사를 토대로 형성된다. 다저스 야구팀의 투구 내용이 어떤지, 올해 내가 어떤 식물을 키우고 있는지 등을 소재로 한 대화는 자신이 어떤 사람인지, 무엇을 좋아하는지를 상대에게 알려준다.

상대의 관심사에 당신이 어떤 반응을 보이는지에 따라서도 서로의 관심 분야를 확인할 수 있다. 공통 관심사는 풍성한 대화와 깊은 우정을 시작하는 관문 역할을 하는 경우가 많다.

□ 대화가 돈독한 인간관계로 발전하기도 한다. 앞서 말했듯 이것이 대화의 가장 중요한 기능이다. 대화는 인간과 인간 사이에 유대감을 형성해주고 종종 이야기하는 주제를 넘어 더 깊은 관계로 발전하도록 도와주는 역할을 한다.

일상적인 대화의 장점

최근 몇 년간, 일상에서 나누는 대화가 행동 연구에서 매우 중요한 화두였다. 여러 연구에 따르면 이런 대화는 헤아릴 수 없이 큰 가치를 지닌다. 일상적인 대화의 장점은 다음과 같다.

▶ 협상과 관련 없는 대화가 선행될 때 협상이 훨씬 더 원만하게 이루어진다. 케이윳 첸Kay-Yut Chen과 마리나 크라코프스키Marina Krakovsky의 공저, 『게임의 법칙을 설계하라』(클라우드나인, 2021)에서는 노벨 경제학상 수상자인 앨빈 로스Alvin Roth의 연구를 인용하고 있다. 연구에 따르면 협상 전 가벼운 대화를 나눌 때 협상의 성공률이 50%에서 83%로 증가한다.

▶ 2014년 브리티시컬럼비아대학교의 연구에 따르면 지인들과 가벼운 대화를 나누는 일상적인 관계를 잘 가꿀수록 행복감과 소속감이 더욱 커진다.

▶ 시카고대학교의 행동과학 교수 니컬러스 에플리Nicholas Epley는 자신이 주도한 연구에서 출퇴근길에 낯선 이와 대화를 하는 집단과 그렇지 않은 집단을 나누어 관찰했다. 그 결과 낯선

> 이와 대화를 나눈 집단이 그렇지 않은 집단보다 통근 시간을 훨씬 더 긍정적으로 생각한다는 사실을 발견했다.

그렇다면 왜 누군가는 대화를 그토록 무서워할까? 심리치료사인 내 경험으로 보면 오해받을지도 모른다는 두려움이 가장 큰 이유였다. 우리는 타인이 자신을 어떻게 생각할지는 과대평가하고 타인과 공감대를 쌓을 수 있는 자신의 능력은 과소평가한다. 모임 자리를 마치 자신을 거부하기로 작정한 사람들이 모인 자리 혹은 실패가 예정된 업무 미팅으로 생각하는 경우가 많다. 이 과정에서 대화를 주도하는 능력뿐 아니라 타고난 쾌활함을 발휘할 힘도 잃어버린다.

당신은 수백 명 앞에서 야유를 받아본 적이 있는가? 나는 그런 경험이 있다(전문가로서 조언을 하나 하자면, 보스턴에서 강연할 때는 뉴욕 양키즈 감독을 칭찬하지 말 것). 하지만 관중의 야유에도 내가 웃을 수 있었던 건 금방 내 실수를 인정했기 때문이다.

스스로 실수를 인정하니 관중과 다시 웃으며 소통할 수 있었고, 강연도 문제없이 마무리했다. 강연이 끝난 뒤 몇몇 사람은 지금까지 들었던 강연 중 최고였다고 칭찬해주기도 했다.

아이러니하게도 실제로 대화에 소질이 없는 사람은 대체로 자신들이 하는 말에 그다지 신경을 쓰지 않는다. 반대로 대화에 소질은 있으나 두려움을 느끼는 사람은 사소한 것 하나까지도 지나치게 신경을 쓴다. 이들은 외줄타기라도 하는 것처럼 전전긍긍한다. 한 번이라도 실수를 저지르면 완전히 나락으로 떨어질 것처럼 걱정한다. 자신이 하는 말이나 잔뜩 긴장한 모습을 남들이 어떻게 생각할지 몰라 두려워하고 다른 사람의 반응을 두고두고 곱씹는다.

작가인 올린 밀러Olin Miller는 이런 말을 했다. "다른 사람들이 내게 그다지 관심이 없다는 사실을 안다면 남들의 생각을 별로 신경 쓰지 않을 것이다." 대화에서 치명적인 실수를 저지르는 경우는 생각보다 매우 적다. 대화를 두려워하는 사람들은 애초에 주도적으로 대화에 나서지 않기 때문에 다른 사람에게도 큰 인상을 남기지 않는 경우가 많다. 자연스럽고 가볍게 대화하는 법을 배우면 자신의 진솔한 모습을 보여주면서 사람들과 훨씬 더 가까워질 수 있다.

연습해보기

택시 안에서

택시를 탔는데 택시 기사가 말을 걸어 오는 상황을 상상해보자. 이 상황에서 둘 사이에 어떤 대화가 오갈 수 있을까?
대화가 내키지 않더라도 목적지에 가는 동안 나누기 적당한 대화 주제를 생각해보자. 가벼운 대화거리로 좋은 주제를 몇 가지 적어보자.

대화로 많은 것을 바꿀 수 있다

좋은 대화 기술을 가지고 있으면 삶의 다른 요소를 가지고 있을 때보다 훨씬 더 많은 기회의 문이 열린다. 때로는 좋은 대화 기술이 학벌이나 사회적 지위, 심지어 직장 생활 경험보다 훨씬 중요하다. 더러는 이 기술이 인생을 바꾸기도 한다.

내가 심리치료사가 되기 한참 전 일이다. 당시 나는 웨스트코스트에 있는 신생 소프트웨어 기업의 고객 서비스 부서 임원이었다. 그 기업에는 우리가 고용한 젊은 트럭 운전기사가 한 명 있었다. 그는 우리 회사에 필요한 물품을 배달하는 일을 했는데 회사에 올 때마다 종종 우리 업무에 관심을 두고 이것저것 질문을 던졌다. 질문 내용도 대체로 매우 좋았다. 그는 우리가 하는 업무에 진정으로 깊은 관심이 있었고 무뚝뚝하고 거친 인상과 달리 매우 똑똑했다.

운전기사와 이런저런 대화를 나누는 관계가 계속되면서 나는 그에게 점점 더 중요한 업무를 맡겼다. 주로 새로 출시된 소프트웨어를 배송하는 업무였는데 그는 맡은 일을 빠르게 습득할 뿐만 아니라 썩 잘해냈다. 계속 성장하던 우리 기업은 머지않아 상장을 하게 되었고, 그에게도 더 많은 기회가 주어졌다. 마침내 그는 우리 기업의 경영 부서에 합류해 소프트웨어 운영 총괄을 맡게 되었다. 이 이야기의 교훈은 무엇일까? 그는 트럭 운전기사 경력만으로는 절대로 받지 못했을 큰 기회를 진심 어린 대화로 얻어냈다.

대화는 우리 삶의 거의 모든 분야 구석구석에 존재한다. 이 때문에 일상적인 대화가 일어나는 다양한 사례를 살펴보고 각기 다른 상황에서 어떻게 말하고 들을지를 배우는 일은 매우 중요하다. 다음은 일상적인 대화를 통해 놀라운 결과를 얻어낼 수 있는 상황들로, 모두 주위에서 흔히 일어나는 일이다.

네트워킹

네트워킹networking(사람들을 만나 그물코 같은 관계를 형성하는 일로 관계망 형성이라고도 한다—옮긴이)의 목표는 딱 한 가지, 바로 인간관계다. 네트워킹에서 대화는 매우 중요한 요소 중 하나로 관계를 구축할 때 자격증이나 경력 같은 객

관적 자료 못지않게 큰 역할을 한다.

여러분이 취업박람회에서 로켓 과학자를 채용하는 면접관이라고 생각해보자. 두 과학자가 거의 똑같은 이력서를 들고 와서 면접을 보는 중이다. X 박사는 차갑고 냉담해 보이며 말수가 거의 없다. Y 박사는 자신감 있는 태도로 공개 채용에 관해 묻고, 개인적 관심사를 나누고, 회사에 관해 좋은 질문을 한다. 여러분이 면접관이라면 어떤 과학자를 채용하겠는가?

모든 네트워킹은 우선 개인적 관계를 맺는 것을 목표로 한다. 필요한 분야로 관계를 확장해갈 기회를 찾는 것은 그다음이다. 세계적으로 저명한 네트워킹 전문가 필 저비쉑Phil Gerbyshak은 이런 말을 했다. "우정이 먼저고 비즈니스는 그다음이다." 우리가 개발할 수 있는 가장 중요한 네트워킹 기술은 사람들과 즐겁게 어울리는 것이라고 해도 과언은 아니다.

다음은 대화가 필요한 네트워킹의 사례들이다.

□ 교내 취업 행사

□ 지역 내 중소기업 직원들의 모임

□ 공급업체에서 동종 업계 사람들을 위해 마련한 행사

마지막으로 네트워킹 경험이 풍부한 사람이라면 네트워킹 모임에 참석하는 사람들이 딱 두 부류로 나뉜다는 사실을 잘 알 것이다. 한 부류는 좋은 사람, 자신과 잘 통하는 사람과 관계를 맺고 싶어 하는 부류다. 또 다른 부류는 고용되거나 주목을 받거나 혹은 유리한 인맥을 쌓으려고 노골적으로 안간힘을 쓰는 부류다. 결과적으로 네트워킹 모임에서 좋은 관계를 쌓고 기회를 얻는 쪽은 다른 사람에게서 무언가를 얻으려고 아등바등하는 사람이 아니라 대화를 잘 풀어나가는 사람이다.

비즈니스

모든 비즈니스는 궁극적으로 인간관계를 중심으로 돌아간다. 미국 사업계의 거장 헨리 포드Henry Ford, 하비 파이어스톤Harvey Firestone, 토머스 에디슨Thomas Edison이 서로 두터운 친분을 쌓으며 자주 모여 캠핑을 즐겼다는 사실을 알고 있는가?

모든 비즈니스는 결국 인간관계로 귀결된다는 말이 있

다. 회사에서는 우편물 관리실에서 회의실에 이르기까지 어디서나 통용되는 말이다. 호감이 있는 사람을 돕거나 지지하고, 승진이나 큰 거래에서 적극적으로 밀어주고 싶은 건 당연하다. 대체로 좋은 관계는 대화로 타인에게 관심을 드러내는 데서 시작된다.

한번은 어느 컨설팅 프로젝트에 참여한 적이 있다. 그런데 누군가 내게 프로젝트를 진행하려면 그림과 그래프 자료가 필요해 특정 담당자의 도움을 받아야 하는데 그는 '너무 바빠서' 몹시 언짢아할 것이라고 경고했다. 나는 담당자의 자리로 가서 이름을 부르며 인사를 건넸다. 책상 위에 보니 잘생긴 젊은 군인 사진이 있었다. 그의 아들이었다. 나는 담당자와 아들 이야기부터 직장 생활, 일 이야기까지 한참을 떠들었다. 결과는 어땠을까? 그는 모두가 깜짝 놀랄 정도로 성심성의껏 나를 도와주었고 나는 프로젝트를 무사히 마칠 수 있었다. 아마 다른 사람도 시간을 들여 그의 인간적인 모습을 알아가려고 노력했다면 충분히 좋은 관계를 맺었으리라 생각한다.

가벼운 대화는 기업인, 영업사원, 중소기업 운영자에게 특히 중요하다. 모두 고객을 직접 대하는 자리에 있기 때문이다. 훌륭한 영업사원은 판매하려는 제품의 이야기보다 스포츠 경기나 고객의 가족에 관한 이야기가 더 중요할 때가 많다는 사실을 잘 안다. 좋은 대화는 신뢰와 믿음을 쌓게 도와주고, 신뢰는 비즈니스 관계를 더욱 탄탄하게 다져준다.

다음은 회사에서 대화가 필요한 대표적인 상황들이다.

□ 오랜 세월 함께 일한 동료나 팀원과의 일상적인 업무 시간
□ 새로운 상사를 처음 만난 자리
□ 동료와 협업해 프로젝트를 진행해야 하는 상황

마지막으로, 북미권 비즈니스 문화에서는 대화가 매우 중요하다. 내게는 오래도록 기억에 남는 저녁 바비큐 모임이 있다. 사업 콘퍼런스였는데 그곳에 참석한 한 외국인 방문객이 자신의 비즈니스를 알리려고 애쓰고 있었다. 그는 마주치는 사람마다 붙잡고 자신의 사업 이야기를 하고 싶어 했다. 하지만 그럴수록 사람들은 그의 적극적인 태도에 당황하거나 아예 관심을 두지 않았다. 그를 제외한 다른 사람들은 그저 사람들과 대화하는 시간을

즐기고 있었기 때문이다. 어느 비즈니스 자리에서나 대화는 사회적으로 중요한 기술일 뿐만 아니라 업무적으로도 매우 중요한 기술이다.

특별한 행사

사람들은 중요한 행사나 기념일에 함께 모여 그날을 즐기고 축하한다. 결혼식이나 생일, 기념일, 명절이나 각종 국경일 등 행사의 종류도 다양하다. 내가 살던 뉴욕 북부의 작은 마을에도 이런저런 행사가 많았다. 공원에서는 콘서트가 자주 열렸고 매년 올드 홈 데이즈(Old Home Days, 1899년 프랭크 웨스트 롤린스 주지사가 만든 기념일로 과거를 기억하고 지역 주민의 친목을 도모하기 위한 행사—옮긴이) 축제에서 행진을 했다. 선거일에는 마을 사람들이 모여 함께 저녁을 먹기도 했다. 이런 행사를 통해 원래 알고 지내던 사람들과 더 깊은 친분을 쌓았고, 새로운 사람들과는 서로 알아갈 기회를 얻었다. 이런 모임에서는 가벼운 대화가 가장 중요하고 지배적인 대화 형태다.

또 다른 상황도 있다. 가족이나 친구, 손님, 업무상 지인과 함께하는 자리에서 주도하는 역할을 해야 할 때다.

이런 상황에서도 가벼운 대화는 새로운 관계를 쌓거나 기존의 관계를 돈독히 다지는 교두보 역할을 한다. 예컨대 가족 구성원의 졸업을 축하하는 자리나 아들이 속한 야구팀의 동료 선수들을 초대해 점심을 대접하는 자리가 있다고 생각해보자. 이런 상황에서 적절한 대화는 초대받은 이들에게 편안한 분위기와 더불어 환영받고 있다는 느낌을 준다.

다음은 대화가 오가는 특별한 행사의 예다.

□ 회사 야유회에서 동료와 친분을 쌓는 상황
□ 학교나 공동체에 새로운 교환학생이 오게 된 상황
□ 제사에서 오랫동안 보지 못했던 친척을 만나는 상황

공동체

'공동체'라는 단어는 단순히 사람들이 모여 사는 곳 이상의 의미를 내포한다. 공동체라는 말에는 우리의 삶을 구성하는 사람들과의 관계라는 의미도 포함되어 있다. 대화는 공동체 안에서 맺는 개인적 관계와 직장 내 관계에서 중요한 부분을 차지하며, 이는 결국 우리 삶 전체에서 매우 큰 비중을 차지한다는 뜻이 된다.

우리는 이웃, 친목 동호회, 봉사 단체, 스터디 모임, 기타 여러 모임에서 다양한 관계를 맺는다. 이러한 관계는 주로 공통의 관심사와 비슷한 삶의 경험을 토대로 만들어진다.

살다 보면 개인의 삶과 직장 생활이 복잡하게 뒤엉킬 때가 많다. 록밴드 스틸리 댄Steely Dan과 두비 브라더스Doobie Brothers에서 활동한 기타리스트인 제프 백스터Jeff "Skunk" Baxter는 전직 미국 국방부 엔지니어였던 이웃과 친구가 된 덕분에 훗날 미사일 방어 시스템 분석가로 제2의 경력을 쌓게 되었다.

다음은 공동체에서 오갈 수 있는 대화의 사례다.

□ 자녀가 다니는 학교의 운동회에서 다른 학부모와 대화를 나누는 상황
□ 동종 업계에 종사하는 사람이나 직장 동료와의 식사 모임
□ 같은 지역에 사는 학부모 모임

가벼운 대화의 어원

가벼운 대화를 의미하는 '스몰토크'Small Talk가 원래는 다르게 불렸다는 사실을 알고 있는가? 스몰토크라는 말은 1923년 폴란드 인류학자 브로니슬라브 말리노프스키Bronislaw Malinowski가 "사교적 의사소통Phatic Communication"이라는 표현으로 처음 사용했다(사교적 의사소통이란 말 그대로 사회적 친분을 목적으로 하는 소통으로, 정보 전달을 위한 의사소통과 반대 개념이다).

오늘날 '스몰토크'라는 표현은 영어 사전에 공식적으로 등록되어 있다. 다른 나라에도 이와 비슷한 표현이 있다. 프랑스에서는 이를 바날리떼Banalités(평범한 말이나 생각)라고 하고 스페인에서는 차를라Charla(잡담)라고 한다. 러시아에서는 볼타브냐болтовня(지껄임, 수다, 잡담)라는 표현을 쓰고 독일에서는 영어와 동일하게 스몰토크Smalltalk라는 표현을 사용한다. 심지어 라틴어에도 스몰토크를 의미하는 표현인 파르바 디스푸타티오Parva Disputatio가 있다.

개인 생활

많은 사람이 가족과 자녀로 구성된 가정이나 자신에게

중요한 사람들을 중심으로 삶을 꾸려간다. 지금 사랑하는 연인이 있다면 그 사람과 어떻게 사랑에 빠졌는지 기억하는가?

사랑하는 이에게 성큼성큼 걸어가 "안녕하세요. 가능하다면 우리의 낭만적인 관계에 관해 서로의 의견을 나누고 싶습니다"라고 말했는가? 아마 아닐 것이다. 상대방을 관찰하다가 그 사람에 관한 사소한 점을 하나 발견하고 그것에 관해 이야기하기 시작했을 것이다. 누군가와 오랫동안 좋은 관계를 유지하고 있는 사람이라면 대화가 그 관계에 큰 역할을 했으리라 장담한다.

다음은 개인 생활에서 대화가 필요한 대표적인 상황들이다.

□ 연인 혹은 가족과 식사하는 자리
□ 가족이나 연인과 함께 외출했을 때
□ 연인과 함께 TV나 영화를 보는 시간

연습해보기

대화로 무엇을 얻고 싶은가?

지금까지 다양한 상황에서 대화가 어떤 효과를 발휘하는지 살펴보았다. 이제 당신 차례다. 대화는 당신에게 어떤 이점을 가져다주는가? 대화를 더 잘하게 된다면 어떤 일을 하고 싶은가? 모임에 더 자주 가겠는가? 새로운 친구를 많이 사귀겠는가? 직장에서 더욱 영향력 있는 사람이 되고 싶은가? 새로운 사업을 시작하겠는가? 새로운 도시에서 새로운 인맥을 쌓을 것인가?
대화에 능숙해진다면 이루고 싶은 목표 3~5가지 정도를 정해보자. 이렇게 목표를 정하면 개인의 삶이나 직장에서 대화의 기술을 익히는 데 훨씬 도움이 될 것이다.

대화의 핵심은 인간관계다

대화가 마냥 두렵다면 다른 관점에서 한번 바라보자. 대화는 새로운 사람을 만나고, 오랜 지인과의 관계를 돈독히 하고, 인맥과 사회생활의 반경을 넓히는 데 도움을 준다. 대화에 필요한 도구와 지식을 갖추고 올바른 마음가짐으로 대화에 나설 준비가 되어 있다면 누군가와 대화를 나누는 상황이 와도 스트레스를 받거나 두려워하지 않을 수 있다.

대화법은 누구든 배울 수 있는 기술이다. 흔히 대화라고 하면 허공에 수백 개의 단어를 흩뿌리는 일로 생각하기 쉽다. 그래서 무섭고 불안하며 무슨 말을 해야 할지 막막하게 느껴진다. 적절한 대화의 기술을 익히면 다음과 같은 변화가 생긴다.

- □ 다양한 상황에서도 감정을 조절할 수 있다.
- □ 누구와도 좋은 대화를 시작하는 방법을 알게 된다.
- □ 누가 어떤 주제로 대화를 건네도 조리 있게 대답할 수 있다.

□ 상대방을 기분 좋게 하는 어휘를 사용할 수 있다.
□ 언제든 원하는 시점에 부드럽게 대화를 마무리할 수 있다.

대화의 기술을 익히는 방법은 자전거 타기와 비슷하다. 어린 시절 처음 자전거를 배웠을 때를 떠올려보라. 아마 처음에는 익숙하지 않아 비틀거렸을 것이다. 두 바퀴만으로 균형을 잡기가 두려웠을 것이고, 넘어지지 않으려면 어떻게 해야 하는지도 잘 몰랐을 것이다.

하지만 부모님이나 다른 누군가가 자전거 타는 법을 차근차근 가르쳐주었을 것이다. 어느 쪽 발로 페달을 밟고 밀어야 하는지, 앞으로 나아가려면 어떻게 균형을 잡아야 하는지, 안전하게 멈추고 내리려면 어떻게 해야 하는지 등을 말이다. 누군가가 자전거 타는 법을 알려주고, 그 방법대로 연습하다 보면 생각보다 훨씬 수월하게 자전거를 탈 수 있다.

대화 자체를 무서워하는 사람이 많다. TV에 나오는 유명 인사나 기업의 임원 가운데도 남 앞에서 말하는 데 고충을 겪는 이들이 많다. 많은 사람 앞에서 말하는 법을 따로 배워야 했던 이들도 있다. 토크쇼 진행자인 조니 카슨

Johnny Carson과 영화배우 데이비드 레터맨David Letterman, 억만장자인 리처드 브랜슨Richard Branson이 그랬고, 코미디언 윌 페렐Will Ferrell 역시 같은 어려움을 겪었다. 이들은 모두 부단한 연습과 훈련으로 타고난 부끄러움을 극복했다. 이들이 소통하는 법을 배워 대화의 두려움을 극복해냈다면 여러분 역시 할 수 있다.

대화법을 배우고 익힐 때 한 가지 명심해야 할 중요한 전제가 있다. 대화를 할 때 먼저 고려해야 하는 대상은 자신이 아니라 상대라는 점이다. 당신이 상대에게 어떤 인상을 주고 싶은지가 아니라 상대가 당신의 말을 듣고 어떤 감정을 느끼는지가 더 중요하다. 이 책에서는 대화 상대의 기분을 좋게 해주는 훌륭한 어휘 선택법도 이야기할 것이다.

수줍음이 많거나 사회불안 증상이 있어서 고통을 겪고 있다면 상대에게 집중하는 기술이 매우 유용한 도구가 될 것이다. 이 기술은 상대방을 기분 좋게 해줄 뿐 아니라 자신이 아닌 상대에게 관심을 집중시키기 때문에 부담도 훨씬 줄여준다. 타인과 유대감을 쌓는 기술을 훈련하다 보면 이 기술이 얼마나 효과적인지, 상대방을 기분 좋게 해준다는 것이 얼마나 긍정적이고 중독성 있는 방식인지 알게 될 것이다. 이 기술을 언제든 사용할 수 있다면 여러 대화 자리가 더욱 편하게 느껴질 것이다.

사회불안장애와 대화

사회불안장애나 이와 비슷한 증상이 있다고 해서 모두 대화에 소질이 없거나 대화에 어려움을 겪는 것은 아니다.

심리치료사인 내 경험으로 보면 사회적 불안을 호소하는 환자 3분의 2는 대화를 나누는 데 어려움을 느꼈다. 하지만 나머지 3분의 1은 대화를 나누는 데 전혀 문제가 없었다. 이들은 상냥하고 분별력이 있으며, 누구에게 어떤 말을 해야 할지 정확히 알고 있었다. 다만 대화를 나누는 상황 자체가 불편할 뿐이었다.

다행스럽게도 두 부류 모두 치료율은 매우 높다. 다만, 어떤 이들은 새로운 기술을 배우기만 해도 큰 발전을 보이는 반면, 어떤 이들은 두려운 상황을 계속 맞닥뜨리면서 점진적으로 발전한다.

연습해보기

다른 사람들은 어떤 이야기를 주고받는지 잘 들어보자

다른 사람들이 일상적으로 주고받는 대화에 귀를 기울여보자. 주로 어떤 이야기를 하는가? 대화를 주고받을 때 서로 어떻게 반응하는가? 그들이 대화하는 방식에 공통적인 특징이 있다는 사실을 알아차렸는가? 다른 사람의 대화를 엿들을 때는 수동적으로 내용만 들어서는 안 된다. 사람들이 하는 말을 분석하고 그들이 하는 말이 일반적인 형식을 따르는지 아니면 특정한 패턴이 있는지 유심히 살펴보자.

맺음말

일상적인 대화가 '중요하지 않은 것에 관한' 대화라고 해서 이 대화 자체가 중요하지 않은 것은 아니다. 대화는 삶에 운율을 더해주는 장치다. 하지만 사회불안이나 수줍음으로 고통받는 사람에게는 이것이 벗어나기 힘든 수렁처럼 느껴지기도 한다.

다행히 대화를 불편해하는 사람들에게도 희망이 있다. 내가 만났던 많은 환자가 대화의 두려움을 극복해냈다. 불안을 극복해가면서 학교나 직장에서 마주하는 다양한 상황에 잘 대처했을 뿐 아니라 새로운 연인을 만나 사랑에 빠진 사람도 있었다. 대화의 힘은 대단히 강력해 한 사람의 삶을 이전보다 훨씬 좋은 방향으로 바꾸어놓는다.

지금부터는 대화를 할 때 명심해야 할 점 몇 가지를 살펴보겠다. 누구든 효과적으로 대화하는 법을 배울 수 있다. 이 책을 따라 충분히 시간을 갖고 연습한다면 대화의 기술이 자연스럽게 몸에 밸 것이다. 더 똑똑해질 필요도, 더 강해질 필요도, 더 용감해질 필요도 없다. 그저 지금부터 소개하는 전략을 익히고 연습하기만 하면 된다.

2장

내향적이라서 대화를 못한다는 거짓말

“여러 사람 틈에 끼어 벨벳 방석에 비좁게 앉느니, 호박 위에 호젓하게 앉아 온전히 그 자리를 다 누리고 싶다.”

• 데이비드 헨리 소로우, 『월든』 중에서

대화를 더 편하게 만들어주는 전략을 본격적으로 탐구하기에 앞서 먼저 인간이 타고난 본성을 이해할 필요가 있다. 이 장에서는 다양한 상황에서 생기는 수줍음과 내향성, 불안에 관해 알아보고, 이런 성향이 생겨나는 원인과 이것이 우리에게 미치는 영향까지 살펴볼 것이다. 어째서 몇몇 사람에게는 이런 성향이 더 두드러지게 나타나는지도 알아본다.

자신에게 있는 두려움의 실체와 특정 상황에 나타나는 반응을 이해하면 안도감이 생긴다. 또한 불안을 훨씬 덜 느끼면서 의미 있는 변화를 만들어내는 방향으로 나아갈 수 있다. 대화할 때 불안을 느끼는 게 나 혼자가 아니라는 사실도 깨닫게 된다. 먼저 자신이 어떤 요인에 불안한 반응을 보이는지 파악하자. 그래야 더욱 자신감 있는 태도로 타인과 소통할 수 있다.

이 장에서 얻은 지식과 뒤에서 논의할 효과적인 대화의 기술로 든든히 무장하면 대화를 한 단계씩 성장하고 길을 찾아가는 과정으로 보는 새로운 시각을 얻게 될 것이다.

사회불안장애란 무엇인가?

평소 다른 사람과 소통할 때 주로 어떤 기분이 드는가? 혹시 '굉장히 불편한' 기분이 들진 않는가? 이런 증상을 의학 용어로 '사회불안'이라고 한다. 심리 전문 온라인 사이트 '사이콜로지 투데이Psychology Today'에서는 사회불안장애를 "일상적인 사회생활에서 과도한 불안과 지나친 자의식이 나타나는 불안장애"로 규정한다.

사회불안장애는 현대 사회에서 가장 흔한 불안장애다. 이 책 서두에서도 언급했듯, 약 12%의 사람이 살면서 이 증상으로 고통받는다. 늘 불안하지는 않더라도 특정 시점에 사회불안을 경험하는 사람도 약 7% 정도 있다. 미국에서만 보더라도 줄잡아 2천만 명 이상이 이 증상을 겪는 셈이다.

다른 불안장애와 마찬가지로 사회불안장애도 여러 사회적 상황에서 불안과 두려움이 커진다는 특징이 있다. 이 증상은 다른 사람과 대화를 나누는 것처럼 부담이 덜한 상황부터 발표나 대중 연설같이 부담이 큰 상황까지 다양한 상황에서 발현한다. 이 증상이 있으면 스트레스가 높은 사회적 상황, 가령 타인에게 비난 혹은 비판을 듣거나 갈등에 직면한 상황, 자신이 주목받는 상황이 몹시 고통스럽고 공포스럽게 느껴진다. '사이콜로지 투데이'는 사회불안장애의 특징으로 "다른 사람이 자신을 지켜볼 때, 누군가 자신을 평가할 때, 자신의 행동이 수치스럽고 부끄러울 때 지속적이고 강렬하며 만성적인 두려움이 나타난다"라고 말한다.

사회불안장애가 심각해지면 사회생활이 불가능해지며 여러 상황에 느끼는 불편함이 심한 공포로 작용하면서 우울증이나 불면증 같은 정신적·심리적 증상을 일으킨다. 더욱이 이 증상은 직장이나 학교생활, 인간관계, 쇼핑이나 개인적 업무 같은 일상생활을 비롯한 삶의 모든 분야에 필요한 능력까지 제한하는 경우가 많다.

단순히 다른 사람을 대하는 게 불편하다고 사회불안장애는 아니다. 이 증상은 심각한 우울증까지 동반하면서 삶 전체를 뒤바꾸기도 한다. 다행스러운 점은 치료율이 높다는 사실이다. 사회불안장애협회Social Anxiety Association의 검증된 연구에 따르면 사회불안장애는 인지행동치료와 약물 치료로 큰 효과를 볼 수 있으며 치료율도 매우 높다. 이런 치료법들은 이 책의 범위를 벗어난 영역이지만 지금보다 훨씬 더 좋은 감정으로 여러 상황에 대처할 수 있다는 사실을 꼭 알아주었으면 한다.

다시 말하지만, 가벼운 대화 자리나 격식을 차리지 않은 대화 상황이 불편하고 어려운 사람이라고 해서 모두 사회불안장애가 있다는 의미는 아니다. 사회적 상황에서 극도의 불안을 겪는 사람이 아니라 해도 가벼운 대화가 불편하고 어려운 사람은 많다. 이제 우리는 수줍음이나 내향성을 지닌 사람들이 겪는 소통의 어려움과 그 어려움의 원인을 살펴보도록 하겠다.

연습해보기

마음 알아차림

대화에 관해 생각하기만 해도, 심지어 대화를 주제로 한 이 책을 읽기만 해도 불편한 마음이 고개를 드는가? 그렇다면 간단한 명상으로 자신의 마음을 들여다보는 연습을 해보자.

1. 우선 편한 의자에 긴장을 풀고 앉는다.

2. 느긋하게 앉아 영화를 보고 있다고 상상해보자. 화면에는 사회적 활동에 관한 두려움을 주제로 한 영화가 상영되고 있다. 주인공은 바로 당신이다. 영화를 천천히 관람하면서 영화에 제목을 붙여보자(가령, '다시 엄습한 샐리의 대화 울렁증'처럼 말이다).

3. 지금 이 순간 생생히 느껴지는 감각에 주의를 기울여보자. 풍경, 소리, 냄새, 촉감 등에 집중해보자. '지금' 아늑하고 안전하며 푹신한 곳에 있음을 되새기자.

방금 한 연습은 몇 분간 일상의 바깥에서 여러분이 두려워하고 불안해하는 것, 단지 관념에 지나지 않는 것의 실체를 들여다본 후 관심의 대상을 현재 세계에 있는 자신에게 돌리는 연습이다. 이는 마음챙김에서 가장 핵심적인 부분으로, 반복적으로 의식을 변화시키는 연습을 통해 점차 두려움을 줄여주는 강력한 훈련이다.

수줍음, 내향성, 사회불안

흔히들 '수줍음'과 '내향성', '사회불안'이 같은 의미를 담고 있다고 생각한다. 하지만 전혀 그렇지 않다. 이 세 가지 용어는 언뜻 비슷해 보여도 각각의 의미와 적용되는 범위가 전혀 다르다. 이 차이점은 자신의 상태를 정확히 파악하고 사회적으로 발생하는 여러 상황에 대응하는 방법을 알게 해준다는 점에서 매우 중요하다.

먼저 '수줍음'부터 살펴보자. 흔히 "숫기가 없다", "부끄러움이 많다"라고 표현하는 수줍음은 다른 사람과 교류할 때나 사회적 상황에서 불편한 감정을 느끼는 상태를 말한다. 수줍음은 많은 이들이 흔히 겪는 감정이다. '사이콜로지 투데이'에 따르면 대략 사람들의 절반 정도는 자신이 숫기가 없다고 생각한다. 이런 인식은 직접 대면하는 상황이나 온라인 모임, 전화 통화, 단체 모임 등에도 영향을 미친다.

수줍음이 많은 사람 중에는 다른 사람과 함께 있고 싶어 하는 사람도 있는 반면 외딴섬 같은 곳에 혼자 있기를 바라는 사람도 있다. 둘 중 어느 쪽이든 수줍음이 많은지 아닌지를 판단하는 것은 사람에게 다가가고, 대응하고, 대화를 유지하는 상황을 얼마나 불편하게 느끼는지에 달려 있다. 자신이 타인에게 안 좋은 모습으로 보일 것 같은 두려움에서 수줍음이 생겨나며, 이 두려움이 심해지면 유해한 만남을 참고 견디는 형태로 발전하기도 한다.

수줍음은 사회불안장애처럼 더 깊은 문제로 발전하기도 한다. 타인과의 대화가 불편한 정도에서 그치지 않고 두려움으로 발전해 사람과의 만남 자체를 꺼리게 되는 것이다. 수줍음과 사회불안의 차이는 일상적인 상황에서 느끼는 고통이 얼마나 큰지로 구분할 수도 있다. 타인을 만났을 때 느끼는 어느 정도의 불편함은 대부분 사람이 겪는 증상으로 지극히 정상이다.

이제 '내향성'을 살펴보자. 내 경험상 심리학 용어를 통틀어 가장 오해받는 단어가 바로 내향성이다. 흔히들 내향성을 수줍음과 동일시하며, 사회적 접촉을 두려워하는 소극적 성향이라고 여긴다. 하지만 내향성은 사회적 활동을 얼마나 많이 하는지와는 전혀 상관이 없다. 그보다는 그런 활동에서 에너지를 얻는지 빼앗기는지 여부로 판단하는 편이 더 정확하다.

내향적인 사람도 다른 사람과 즐겁게 소통할 수 있지

만 이런 소통이 얼마 되지 않는 에너지를 고갈시킨다. 반대로 외향적인 사람은 다른 사람과 소통하고 교류하면서 에너지를 얻는다. 모임에서 정말 좋은 시간을 보냈음에도 모임이 끝난 후 뭔가 기운이 빠지고 힘들다면 내향적인 사람일 가능성이 크다.

내향적인 사람의 또 다른 특징은 말을 꺼내기 전에 할 말을 머릿속에서 완전하게 정리한 다음 말을 꺼낸다는 점이다. 바꿔 말하면 즉각 대답하거나 대응해야 하는 '당황스러운 상황'을 싫어하는 경우가 많다. 이는 내향적인 사람의 전형적인 특징이다. 나는 내향적인 환자들에게 말하기 전에 생각하는 성향은 아주 좋은 점이라고 말해준다. 외향적인 사람은 말을 하면서 생각을 풀어내는 편이어서 말이 생각과 정확하게 일치하지 않을 때도 더러 있기 때문이다.

이런 면에서 내향적인 사람의 지식은 강력한 힘을 발휘하지만 이를 효과적인 대화로 연결하려면 두 가지 사실을 명심해야 한다. 첫째, 사회적 에너지를 아끼는 데 주의를 기울여야 한다. 둘째, '성급하게 반응하는 것'을 좋아하지 않기 때문에 다양한 상황에서 나올 수 있는 질문과 답을 성의껏 준비해두는 편이 좋다. 여기에 필요한 전략은 나중에 더 자세히 다루도록 하겠다.

그렇다면 수줍음과 내향성은 사회불안과 어떤 관련이 있는가? 아주 깊은 연관이 있을 때도 있고 전혀 상관없을 때도 있다. 이는 전적으로 대화 상대와 상황에 달려 있다. 숫기가 없거나 내향적인 사람이라 해도 전혀 불안을 느끼지 않을 때도 있고 반대로 지나치게 불안해할 때도 있다. 불안감이 극심해지는 경우에만 의학적으로 사회불안장애 진단을 받는다.

이런 이유로 내향적인 사람들은 자신이 어떤 사람인지, 상대에게 자신을 어떻게 설명할지 잘 알아두는 것이 매우 중요하다. 이것이 자신감 있게 대화를 나누기 위한 첫 단계다.

더러는 어떤 말을 해야 할지 막연해 수줍어한다. 이런 사람은 대화의 기술을 배우기만 해도 얼마든지 좋은 대화를 나눌 수 있다. 또 불안과 걱정에 지나치게 짓눌려 대화를 피하는 사람도 있다. 이런 사람에게는 적절한 상담이나 치료가 효과적이다. 특정 상황에 대처하는 법을 배워야 하는 사람도 있다. 현재 내가 어떤 상황인지 정확히 파악해두면 사회생활을 위한 기술과 자신감을 쌓는 데 큰 도움이 될 것이다.

내향적인 사람들에 관한 재미있는 사실

내향성은 '장애'가 아니다. 살아가면서 드러나는 개인의 성격일 뿐이며 MBTIMyers-Briggs Type Inventory 같은 대중적인 성격 진단에서도 흔히 나타나는 성향이다. 문제가 있거나 잘못된 성향이 전혀 아니며 다른 성향과 마찬가지로 바뀌어야 하거나 바뀔 수 있는 성향도 아니다.

내향적이라고 반드시 수줍음이 많은 것도 아니다. 내향적인 사람 중에는 겉으로 보기에 활발하고 말도 잘하는 경우가 많다. 내향성은 단순히 겉으로 보고 판단할 수 있는 특징이 아니다. 사회에서 다른 사람을 어떻게 대하는가보다는 그 속에서 자신이 어떤 감정을 느끼는가에 관한 특징이기 때문이다. 예컨대 앨버트 아인슈타인Albert Einstein, 스티븐 스필버그Steven Spielberg, 앨 고어Al Gore, 마이클 조던Michael Jordan 등 대중 앞에서 활동했던 수많은 연기자와 유명 인사, 정치인, 기업의 임원들이 스스로 내향적인 성격이라고 생각했다.

불안을 극복한 운동선수

수만 명의 관중 앞에서 매주 경기를 펼치는 운동선수라면 불안을 모르는 강심장일 것이라고 생각할지도 모르겠다. 하지만 전혀 그렇지 않다. 여기에서는 불안에 시달렸던 운동선수의 이야기를 소개하려고 한다.

리키 윌리엄스Ricky Williams는 대학 미식축구 최고의 선수로 1998년 헤이즈먼 트로피Heisman Trophy를 수상했다. 미국 풋볼리그에서 열두 시즌 동안 활동했고 마이애미 돌핀스 소속 선수로 활약하면서 러시 기록을 여러 차례 경신했으며 역사상 1만 야드 이상 러시를 기록한 26번째 선수가 되었다. 하지만 이런 그도 경기장 밖에서는 전혀 다른 사람이었다. 상점에 들어가는 것조차 어려워했고 사람들과 시선을 마주치지도 못했다. 선수 활동 초반에는 경기가 끝날 때마다 억지로 인터뷰에 응했으며 그마저도 헬멧으로 얼굴을 가리고 있던 것으로 유명하다.

하지만 상담 치료와 병원 치료를 병행하면서 이전보다 훨씬 편하게 사회 활동을 하게 되었다. 이후 자신처럼 사회불안에 시달리는 이들을 돕는 활동을 적극적으로 펼쳐갔다. 오늘날에는 TV에서 풋볼 해설가로 활동하고 있으며 최근에는 리얼리티 프로그램에도 출연했다.

잭 그레인키Zack Greinke는 야구 역사상 가장 뛰어난 투수로 손꼽힌다. 10여 년간 매년 올스타전에 참여했고, 2009년에는 최고의 투수에게 돌아가는 사이영상Cy Young Award을 수상했다.

하지만 이런 그도 2006년에는 사람을 대하기가 너무 어려워 한 동안 야구를 관뒀었다. 2013년 인터뷰에서 그는 이렇게 말했다. "하루도 불안하지 않은 날이 없었어요. 왜 이렇게까지 고통을 겪어야 하나 생각했죠."

이후 전문가에게 상담 치료를 받은 그레인키는 다시 경기장으로 돌아왔다. 동료들과 지내는 것도 어렵지 않게 되었다. 그레인키의 매니저는 이렇게 말했다. "그레인키가 다시 경기장에 나와서 동료들과 이야기를 나누고 있어요. 그가 이렇게 잘 지낸다는 사실이 놀라워요."

수줍음과 내향성, 사회불안의 차이

수줍음과 내향성, 불안 성향 모두 일반적인 대화는 물론, 가벼운 대화 자리까지도 불편하고 어렵게 만든다. 하지만 각각의 성향이 대화에 미치는 영향이 모두 동일하지는 않다.

□ 수줍음은 주로 불편해하는 태도로 드러나며 대체로

상황에 따라 단기간 나타난다. 그 자리를 벗어나면 괜찮아지는 경우가 많다.

□ 내향성은 주로 에너지 고갈로 드러난다. 내향적인 사람은 사회 활동을 하면서 에너지가 점점 줄어들며 상대와 아무리 즐겁고 편하게 대화를 나눠도 마지막에는 온몸의 힘이 쏙 빠진다.

□ 사회불안은 공포로 드러난다. 사회불안장애가 있는 사람은 단순히 이런저런 사회적 상황을 불편해하는 것에 그치지 않는다. 불안장애가 있는 사람은 사회적 상황을 두려워하며 그 상황을 피하려고 늘 애쓴다. 때로 수줍음이 과도해져 사회불안으로 나타나기도 한다.

각각의 성향은 사람들이 많이 모여 시끌벅적하게 이야기를 나누는 상황에서 중첩되어 나타나기도 한다. 하지만 수줍음과 내향성, 사회불안은 엄밀히 모두 다른 성향이며 증상이 중복되지 않고 하나씩만 나타나기도 한다. 다음을 살펴보자.

□ 숫기가 없지만 내향적인 사람은 아닐 수도 있다. 가령, 사람들과 어울리는 자리를 좋아하지만 첫 만남에서는 낯을 가리는 이가 그렇다.

□ 내향적이어도 사회생활을 즐길 수 있다. 하지만 모임 자리가 길어지면 피로감을 느낀다.

□ 사회불안을 느끼지만 다른 사람을 다정하게 대하고 자신의 의견을 분명히 말할 수도 있다. 다만 다른 사람과 대화할 때 불편한 감정이 자주 올라온다.

이 세 특징을 구분하는 또 하나 중요한 점이 있다. 딱 한 가지, 사회불안장애만 의학적으로 문제가 된다. 수줍음과 내향성은 좋지도 나쁘지도 않은 개개인의 고유한 특징일 뿐이다. 이 세 특징 중 당신에게 해당하는 사항이 있는가? 그렇다 해도 걱정할 것 없다. 대화법을 익히고 경험을 쌓아감으로써 사회생활을 더욱 편안하게 즐길 수 있기 때문이다.

왜 이런 성향을 갖게 되었을까?

수줍음과 내향성, 사회불안의 또 다른 차이는 원인이 전혀 다르다는 점이다. 각각의 원인을 자세히 살펴보자.

- **수줍음**: 과도한 불안에 휘말리지 않는 수줍음은 주로 자연스러운 감정 때문에 발생한다. 좋지 않았던 경험에 대한 반응이나 앞으로 벌어질지도 모르는 좋지 않은 상황에 대한 추측, 타인의 반응에 대한 걱정이 원인이 되는 경우가 많다. 단순히 무슨 말을 해야 할지 몰라 숫기가 없어질 때도 있다.

- **내향성**: 내향성은 개인의 성격적 특징이다. 주로 유전적 요인이나 어린 시절의 경험을 통해 형성되며 청소년기와 성인이 되어도 잘 바뀌지 않는다. 2010년에 진행된 한 연구에 의하면 초등학교 1학년 무렵 개인의 성격 특징이 형성되고 이것이 수십 년 동안 유지된다.

□ **사회불안장애:** 다른 불안장애와 마찬가지로 사회불안장애 역시 치료가 가능한 의학적·정신적 문제로 간주된다. 메이오 클리닉Mayo Clinic에서 진행한 연구에 따르면 사회불안장애의 주된 원인은 세 가지다. 유전적 요인, 뇌 구조적 요인, 양육 환경이나 트라우마 같은 환경 요인이다.

이러한 원인 외에도 인간이 다른 사람과 관계를 맺고 사회생활을 하면서 생기는 감정적 요인이 영향을 미친다. 타인의 평가에 대한 두려움, 낮은 자존감, 자신이 부족하다는 생각, 당황스러운 상황으로 인한 두려움, 앞으로 일어날 결과로 인한 두려움 등이다. 이에 관해 더 자세히 살펴보자.

겉만 봐서는 모른다

사회불안장애를 겪어보지 못한 사람은 이런 문제를 안고 사는 이들이 어떤 사람이고 어떻게 행동하는지 잘 모르기 때문에 선입견을 품기도 한다. 하지만 이런 선입견은 틀린 경우가 많다.

사회불안은 성격적 특징이 아니라 의학적 문제이기 때문에 여느

질병과 마찬가지로 이런 문제를 겪는 사람들의 유형 또한 매우 다양하다. 내 경험만 보더라도 사회불안을 겪는 사람 중에는 눈에 띄게 불안해하는 사람이 있는가 하면 다른 사람이 전혀 눈치채지 못하게 이를 잘 감추는 이도 있다. 사실 우리가 만나는 사람 중에도 불안과 두려움으로 시달리는 이들이 있을 수 있다.

때로는 사회불안 증세가 '전혀 없는 듯 보이는' 사람이 오히려 더 큰 고통을 느끼는 경우도 있다. 티를 내지 않고 사람들 틈에 섞여 있으면 불안 증세가 있는 사람인지 아닌지 전혀 알 수 없기 때문이다. 다른 사람은 당사자가 어떤 감정인지 전혀 알지 못하기 때문에 거리낌 없이 말을 걸거나 모임에 자주 초대한다. 결과적으로 불안을 드러내지 않는 사람들은 대화를 피하는 요령이나 초대를 정중히 거절하는 기술이 좋아지기도 한다.

타인의 평가에 대한 두려움

거의 모든 사람이 학창 시절에 또래에게 놀림당한 기억이 있을 것이다. 성인이 되어도 별반 달라지는 건 없다. 사람들은 우리의 말로 우리를 평가한다. 이런 평가에 대한 두려움은 종종 실제 평가보다 과장되지만 당사자에게는 대단히 현실적인 불안이다.

낮은 자존감

우리가 만나는 최악의 비평가는 매일 아침 마주 선 거울 속에 있다. 안타깝게도 자신에게 건네는 부정적 혼잣말이 사회에서 스스로를 혹사하는 상황으로 우리를 내몰 때가 많다.

자신이 부족하다는 생각

'가면증후군Imposter Syndrome'으로 힘들어하는 사람들이 생각보다 많다. 가면증후군이란 똑똑하고 성공한 사람이 자신의 능력을 의심하며 언제 무능함을 들킬지 몰라 두려워하는 증상이다.

이런 두려움은 기분에 영향을 줄 뿐 아니라 사회생활을 유지하는 능력에도 악영향을 미친다.

당황스러운 상황에 대한 두려움

남 앞에서 안 좋은 모습을 보이고 싶은 사람은 없다. 그러니 당황스러운 상황에 대한 두려움도 사람들이 많은 곳이나 행사, 모임 같은 상황에서 더욱 커지기 마련이다. 실제로 일반적인 대화 자리는 생각보다 훨씬 관대하며 설령 실수를 저질러도 회복의 기회가 충분하다. 그런데도 우리는 앞으로 일어날지 모르는 당황스러운 상황을 걱정한다.

결과에 대한 두려움

친척과 나눈 대화는 그 여파가 미미할지 몰라도 입사면접에서 면접관과 나눈 대화는 직장에 채용이 되느냐 마느냐를 결정짓는 중요한 역할을 한다. 중요한 대화에 필요한 전략도 일상적으로 필요한 대화 전략과 비슷하다. 잘 대비하고 준비하는 것. 하지만 많은 사람이 앞으로 일어날 일을 상상하며 두려움을 점점 키운다.

이러한 요인 외에도 개인적인 경험과 감정이 사회생활과 대화 능력에 영향을 미친다. 원인이 무엇이든 해결책은 똑같다. 대화의 기술을 부단히 익히고 연습해 두려움을 줄임으로써 대화를 잘 이끌어가는 능력을 갖추는 것이다.

연습해보기

감정 적어보기

다른 사람과 소통할 때 어떤 감정을 느끼는가? 이 감정을 어떻게 설명하겠는가? 앞서 언급한 수줍음이나 내향성, 사회불안에 해당하는 부분이 있는가? 지금까지 읽은 내용을 토대로 다른 사람과 소통하며 느끼는 감정을 모두 적어보자.

다른 사람과 교류하면서 어떤 감정을 느끼든 부끄러워할 필요는 전혀 없다. 다른 사람들도 모두 그런 감정을 느낀다. 작성한 감정과 실제 삶의 경험 모두 상대방의 말을 이해하고 적절히 대응하는 법을 배우는 데 귀한 자료가 될 것이다.

이런 기분을 느껴 본 적 있는가?

대화를 나눌 때 수줍고, 에너지가 고갈되고, 불안해진다는 것은 어떤 느낌일까? 사람마다 감정의 강도는 다르지만 불편한 상황에 맞닥뜨렸을 때 공통으로 나타나는 반응이 있다. 이러한 반응을 신체적, 정신적·감정적 증상으로 구분해 살펴보고 이 증상이 건강에 장·단기적으로 미치는 영향도 알아보자.

신체적 증상

불안, 수줍음, 내향성에 동반되는 신체 증상은 주로 다음과 같다.

□ 입이 마른다.
□ 호흡이 빨라진다.
□ 심장 박동 수가 증가한다.
□ 어지럽다.
□ 손발이 차가워진다.

□ 다리에 힘이 탁 풀린다.

□ 흠뻑 젖을 정도로 땀이 흐른다.

□ 시야가 흐려진다.

위 증상은 모두 위협을 당하거나 어딘가에 갇혔을 때 나타나는 전형적 증상으로 투쟁-도피 반응(긴급 상황을 빠르게 방어하거나 해결하기 위해 보이는 흥분된 생리적 상태로 맞서 싸울지 도망칠지를 판단하는 반응—옮긴이)에 집중되는 에너지와 관련이 있다.

두려운 상황이나 대상을 마주쳤을 때 우리 몸에서는 아드레날린과 코티솔이 급격히 분비되어 혈관에 퍼진다. 이로써 우리 몸의 말단을 흐르던 혈류가 중심부로 모이게 되고 필수적이지 않은 기능들은 일시 정지된다. 이 상태에서 우리 몸은 바짝 긴장하게 되고, 재빨리 반응하며, 도망치거나 방어할 힘을 갖게 된다.

물론 사람마다 증상이 다를 수 있다. "말이 목에 걸려 입 밖으로 나오지 않는다"라고 말할 정도로 극단적으로 예민해지는 사람도 있다. 불안은 감정에서 비롯된 것이지만 신체적 증상이 매우 강력하고 무섭게 나타나기도 한다.

정신적·감정적 증상

수줍음과 내향성, 불안에 수반되는 정신적·감정적 증상은 다음과 같다.

□ 공포

□ 긴장이나 흥분

□ 공황

□ 혼비백산 상태

□ 수치심

□ 무력감과 우울함

□ 이 상황을 벗어나고 싶다는 압박감

불안은 종종 실제 상황을 바라보는 우리의 인식을 과장되게 만든다. 예를 들어, 단순한 모임 자리가 자신을 공격하려는 늑대 무리의 소굴처럼 느껴질 수 있다. 또는 다른 사람의 반응이나 몸짓을 오해해 자신이 판단당하거나 평가받는다고 느끼기도 한다. 이런 증상은 스트레스 상황을 통제할 수 없다는 느낌이 반복되거나 불안한 감정이 장기적으로 지속될 때 더욱 뚜렷이 나타난다.

이러한 증상이 미치는 영향

인간은 믿을 수 없을 정도로 회복력이 뛰어난 존재다. 높은 수준의 단기간 불안을 잘 견디도록 타고났다. 하지만 아무리 단기적인 스트레스라 해도 불면이나 두통, 소화불량 같은 신체 증상을 수반한다. 지나친 스트레스가 장기간 지속되면 심장병이나 고혈압, 면역력 저하 등의 문제로 이어질 수 있다.

불안은 생존에 있어 매우 중요한 보호 장치였다. 굶주린 포식자가 나타났을 때 기민하게 대처할 수 있는 것도 불안 덕분이었다. 현대 사회 사람들은 친척 모임이나 직장 상사와 대화하는 자리에서 생존을 위협받을 때와 비슷한 불안감을 느낀다. 불안을 다스리는 법과 대화법을 익히는 것이 사람들과 교류하며 살아가는 데 중요한 부분을 차지하는 것도 이런 이유다.

연습해보기

천천히 호흡하기

몸과 마음은 밀접하게 연결되어 있어서 호흡만 잘 다스려도 불안을 가라앉힐 수 있다. 불안을 느낀다면 의식적으로 호흡을 깊이, 천천히 해보자. 편안한 의자에 앉아 숨을 깊이 들이마신 뒤 약 5초에 걸쳐 코로 천천히 내쉬어보자. (5초를 세는 방법으로 1001, 1002… 이렇게 다섯까지 세면 된다.) 이번에는 천천히 숨을 들이마신 뒤 몇 초간 숨을 참았다가 5초에 걸쳐 천천히 내쉬어보자. 이 호흡을 7~8번 정도 반복하면 가빴던 호흡이 정상으로 돌아온다.

무엇이 우리를 불안하게 하는가?

불안의 기폭제는 사람마다 모두 다르다. 자신을 불안하게 하는 상황이 무엇인지 생각해보자. 행사나 모임, 특정 집단이 될 수 있다. 여러분의 생각과 감정을 불안하게 흔드는 기폭제는 무엇인가?

많은 이에게 공통으로 나타나는 불안의 기폭제는 다음과 같다.

- □ 특정 유형의 사람과 이야기를 나누는 상황
- □ 특정 누군가가 있는 자리나 모임
- □ 누군가가 자신의 외모를 어떻게 생각할지 걱정하는 상황
- □ 특정 상황에 '갇힌' 느낌
- □ 특정 시간대

불안을 유발하는 기폭제를 파악하고 이해하는 가장 좋은 방법은 불안한 감정이 들자마자 기록해두는 것이다. 일기장도 좋고 스마트폰에 바로 적어도 괜찮다. 이렇게

기록해두면 패턴을 파악할 수 있어서 앞으로 불안을 촉발하는 상황을 피하거나 대처하는 데 도움이 된다.

불안의 기폭제 파악이 중요한 이유

특정한 사회적 상황에서 자꾸만 불안해지는가? 불안을 유발하는 요소를 파악하는 것이 인지행동치료의 첫 단계다. 여기서 '인지'란 '생각의 내용'을 의미하고 '행동'이란 말 그대로 '행위'를 의미한다. 불안을 유발하는 요소를 파악함으로써 두려운 생각을 재검토하고 그 상황을 세분화해 바라보면 같은 상황이라도 두려움 없이 새롭게 경험하는 법을 배울 수 있다.
이 개념은 3장에서 더 구체적으로 다룬다. 일단은 불안을 유발하는 요소를 파악하는 데 집중해보자. 여기까지 해냈다면 아주 잘한 것이다. 이제 인지행동치료의 도움을 약간만 받으면 얼마든지 더 좋아질 수 있다. 이 과정이 평생을 불안 속에 사는 것보다 훨씬 쉽다.

연습해보기

세분화하기

사회생활을 하면서 누군가와 대화를 나눌 때 (혹은 대화를 피할 때) 어떤 감정이 드는가? 대화를 나누고 있을 때 신체적으로나 감정적으로 어떤 증상이 나타나는가?
몸과 마음의 감각을 잘 기록해두면 큰 도움이 된다. 대화 도중 불안함을 느꼈거나 두려운 마음이 생겼는가? 목이 잠기거나 입이 말랐는가? 손발이 차가워지거나 메스꺼움을 느꼈는가? 대화 상황에서 자신이 어떻게 반응하는지를 알면 앞으로 어떻게 발전할지도 더 선명하게 알 수 있다.

왜 관계가 중요할까?

다른 사람과 친분을 쌓는 법을 배우면 든든한 내 편을 얻을 수 있다.

주위 사람들과 좋은 관계를 잘 맺기 시작하면 불안감이 줄어들면서 외롭다는 느낌도 점차 사라진다. 게다가 대화의 기술을 익히면 실질적 보상도 주어진다. 바로 관계에서 얻는 우정과 동료애다. 삶에서 타인의 존재는 스스로에게 갇혀 있지 않고 다른 세계로 들어가도록 해주는 원동력이 된다.

심리학자이자 인디애나대학교 사우스이스트 캠퍼스에 있는 수줍음 연구소Shyness Research Institute 소장인 버나도 카두치Bernardo Carducci 박사는 다른 사람의 삶에 개입하는 것이 수줍음을 극복할 '새로운 해결책'이라고 말한다. 관심의 초점을 자신이 아닌 다른 사람에게 두고 집중할 때 수줍음에 지배받지 않는다. 따라서 대화의 기술을 익히는 궁극적 목표는 공동체나 타인과의 교류에서 얻는 우정과 친밀함을 누리는 일이다.

연습해보기

목표를 시각화하기

목표를 시각화하는 연습을 해보자. 우선 편안한 의자에 앉아 눈을 감고 아래 상황을 상상해보자.

가까워지고 싶은 사람이나 좋은 관계를 맺고 싶은 사람을 떠올려보자. 그 사람과 자신감 있게 대화하고 그의 삶에 진심으로 관심을 기울이는 내 모습을 그려보자. 설령 아직 대화를 나눌 마음의 준비가 되지 않았어도 상관없다. 마음속으로 대화 장면을 생생하게 그려보고 그때 생기는 감정을 느껴보자.

이 장면을 상상할 때는 대화 내용과 상황을 최대한 구체적으로 생각하라. 이제 눈을 뜨고 평소 생활로 돌아가면 된다.

희망이 있다

분명 사회생활은 쉽지 않다. 그러나 희망을 놓지 말자. 다음 장에서 다룰 조언과 기술을 잘 익히면 불안을 해소하거나 줄일 수 있다. 이 책에서 소개하는 기술은 모두 입증된 방법들이다. 충분한 근거를 토대로 한 전략이 대화의 불안을 해소하는 데 도움을 줄 것이다. 앞으로 소개할 내용에는 유익한 해결책과 좋은 대화를 위한 요령, 전략이 담겨 있다. 차근차근 따라 하다 보면 좋은 대화의 기술을 습득할 수 있을 것이다.

맺음말

대화에 불안을 느낀다는 게 어떤 의미인지 아는가? 당신이 대단히 똑똑하다는 의미다. 내 경험으로 보자면 불안으로 힘들어하는 이들은 대체로 가장 똑똑하고 재능 많은 사람들이었다. 우리 선조가 위험한 세상에서 살아남을 수 있었던 이유도 불안을 느꼈기 때문이다. 마찬가지로 불안을 느끼는 여러분도 어마어마한 잠재력을 지니고 있다.

몇 가지 새로운 전략을 익히면 이 지식을 활용해 장차 가벼운 대화를 비롯한 다양한 사회적 상황을 바라보고 대처하는 방식이 바뀌게 될 것이다. 다음 장에서는 효과적인 대화를 배우는 첫 단계로 들어가 '대화'라는 게임에서 승리하는 방법을 살펴보자.

두려움 속으로 한 발 내딛기

"더디게 간다고 두려워 말라. 진짜 두려운 일은 멈춰 있는 것이다."

• 중국 속담

이 장에서는 다양한 상황에서 느끼는 두려움을 이해하고 포용하는 방법과 함께 주어진 상황에 대처하는 법을 배울 것이다. 두려움을 이해하고, 열린 마음으로 새로운 전략과 조언을 받아들이며, 더욱 자신감 있는 태도로 사회적 상황에 대처하는 법을 배워본다.

이 장에서는 불편한 요구를 하지 않을 것이다. 어쩌면 당신은 이미 힘든 상황을 견뎌냈거나 누군가와 대화하려고 어색하고 서툰 시도를 했던 경험이 있을지도 모른다. 하지만 그런 시도가 사회생활과 대화에 큰 도움이 되지는 않았을 것이다. 오히려 이런 방법은 장기적으로 감정을 더욱 위축시킨다. "두렵지만 어쨌든 해치워야 하니까"라는 주문을 걸며 대화에 임했을 수도 있다. 하지만 전문가의 입장에서 객관적으로 말하자면 이런 전략은 두려움에 별로 도움이 되지 않는다.

왜 그럴까? 사회생활에서 편안함을 느끼려면 새로운 방법을 배워야 하기 때문이다. 불안을 느끼는 사람들은 더 용감해질 때가 아니라 새로운 기술을 익혔을 때 증세가 훨씬 더 개선되었다. 자신의 감정을 이해하는 법을 배우고, 상황을 적절하게 예측하며, 앞으로 맞닥뜨릴 상황에 차근차근 대비한다면 사람들과의 만남 자체를 새로운 시각으로 보게 될 것이다. 즉, 대화 자리를 성장을 위한 연습의 장으로 여겨 자신감 있게 대처할 수 있게 된다.

누구나 긴장한다

모든 사람은 누군가를 만나고 사회생활을 할 때 어느 정도 불안감을 느낀다. 특히 새로운 사람을 만나는 상황을 앞두고 있을 때는 더 예민해진다. 이런 면에서 우리는 모두 같은 배에 탄 셈이다.

심지어 새로운 상황과 사람을 아주 좋아하는 사람이라해도 마찬가지다. 유명 인사 중에도 사람을 만나고 사귀는 상황이 불편하다고 고백한 사람이 매우 많다.

그러니 우리나 세계적으로 유명하고 재능 많은 사람이나 두려움이라는 측면에서는 별반 다르지 않다. 이 사실이 무엇을 의미하는가? 우리도 그들 못지않게 다른 사람들과 편하게 어울리면서 좋은 인상을 줄 수 있다는 의미다. 그러려면 원만한 사회생활과 대화의 기술에 필요한 전략을 배우는 일이 중요하다.

이 장에서는 첫 두 단계에 집중할 것이다. 하나는 사람들과 관계를 맺는 데 필요한 새로운 마음가짐이고, 다른 하나는 사회생활을 시작하기 위한 준비다.

연습해보기

스트레스 지점을 정확히 파악하자

상대와 일대일로 대화할 때는 전혀 부담이나 어려움을 느끼지 못하다가 여러 사람 앞에서 말을 하려면 속이 뒤틀리고 심한 불편을 느끼는 사람이 있다. 그런가 하면 누군가와 일대일로 대화를 하느니 굶주린 호랑이 우리에 갇히는 편이 낫다고 생각하는 사람도 있다. 또 어떤 이들은 모든 만남 자체에 두려움을 느낀다.
여러분의 사회생활과 대화는 어떤 모습인가? 아래 두 항목을 살펴보자.

☞ 첫째, 대화할 때 스트레스를 유발하는 모든 요소를 적어보자. 무슨 말을 해야 할지 모르겠는가? 상대의 반응이 신경 쓰이는가? 그 자리를 벗어나고 싶은가?

☞ 둘째, 다른 사람과 대화할 때 자신의 강점이라 생각하는 요소를 모두 적어보자. 예를 들어, 가족이나 가까운 친구들과는 편안하게 대화할 수 있는가? 유머 감각이 뛰어난가? 사람을 꿰뚫어 보는 통찰력이 있는가?

대화 훈련을 시작하기에 앞서 위에서 언급한 두 항목을 잘 기억해두자. 첫 번째 항목은 훈련을 하면서 스트레스를 줄이는 전략을 선택하는 데 도움이 된다. 두 번째 항목은 이미 잘하고 있는 부분을 확인시켜주어 자신감을 북돋는 데 도움이 된다.

두려운 생각을 재정의하기

누군가 당신에게 태도를 바꾸라고 말한 적이 있는가? 아마 그 충고는 큰 도움이 되지 않았을 것이다. 더 효과적인 것은 두려운 상황에 관한 사고방식을 바꿔주는 전략이다. 이는 1950년대 후반에 심리학자 아론 벡Aron T. Beck 박사가 최초로 만든 방식으로, 인지행동치료의 초석이 되었다.

전문가들은 이 기법을 '인지 재조정cognitive restructuring'이라는 고상한 이름으로 부르기도 하지만 어렵게 생각할 것 없다. 단순히 두려움에 관한 이야기를 새롭게 써서 자신에게 들려주는 방식이라고 알아두자. 이 방법의 구조와 원리는 다음과 같다. 아래 설명을 읽고 적용해보자.

1단계: 두려운 생각을 떠올려보고 기록한다(생각하는 데만 그치지 말고 반드시 손으로 써봐야 한다).

2단계: 떠올린 생각에 담긴 오류를 찾아낸다. 심리치료사들은 이를 '인지 왜곡cognitive distortions'이라고 부른다. 누구에게나 인지 왜곡이 있다. 그중에서도 과장, 예측, 기대는 가장 흔한 인지 왜곡의 예다.

▶ **과장:** 우리는 어떤 상황이나 대상이 너무 끔찍한 재앙이라고 말하지만 사실 그저 불쾌한 것에 지나지 않을 때가 있다.

▶ **예측:** 안 좋은 일이 일어날 것이라고 추측하지만 사실 그 일은 일어날 수도 있고 일어나지 않을 수도 있다(대부분 경우에 그런 일은 일어나지 않는다).

▶ **기대:** 사람들이 특정한 방식으로 행동하기를 기대하지만 그들은 그렇게 행동하지 않는다. 당연하다. 사람마다 성격이 다르고 세상을 보는 관점도 모두 다르기 때문이다.

3단계: 왜곡되지 않은 생각을 다시 써보자. 현실을 그럴듯하게 포장하라는 말이 아니다. 그렇게 해도 우리의 잠재의식은 그것을 믿지 않을뿐더러 결과적으로 감정은 조금도 나아지지 않는다. 우리의 목표는 왜곡을 없앤, 정확하고 현실적인 생각을 쓰는 것이며 궁극적으로 두려운 상황에서 어떻게 해야 할지를 논의하는 일이다. 다음 몇몇 사례들을 살펴보자.

▶ **두려운 생각:** "난 그 모임에서 사람들과 어울리지 못할 거야!"
▷ **새로운 생각:** "난 사람이 많은 모임에 가면 다소 불편해. 불편

한 상황에 대처하려면 어떻게 해야 할지 계획을 짜야겠어."

▶ **두려운 생각:** "남들이 나를 멍청이라고 생각하겠지."

▷ **새로운 생각:** "내가 한 말에 사람들이 공감할 수도 있고, 공감하지 않을 수도 있어. 만약 사람들이 공감하지 않는다고 해도 그건 그 사람들의 생각일 뿐이야."

▶ **두려운 생각:** "이번 모임에서는 제발 사람들이 나에게 이상한 질문을 하지 않았으면 좋겠어."

▷ **새로운 생각:** "때론 사람들이 나에 관해 이런저런 질문을 해. 그들은 나를 더 알고 싶어 하고 그건 인간의 자연스러운 본능이야. 사람들이 질문을 한다면 이렇게 대답해야겠어."

열린 마음

많은 사람이 대화에 선입견을 품는다. 이 선입견은 대체로 좋지 않은 방향을 향해 있다. 그들은 다른 사람과 교류하는 상황이 어렵고 무섭고 위협적이라고 생각한다. 이러한 선입견과 불안은 종종 타인과 유대감을 쌓고 소통하는 데 큰 걸림돌이 된다.

그렇게 생각하지 말라고 간단히 말할 수 있다면 좋겠지만 그렇게 간단히 해결되는 문제가 아니라는 사실을 우리는 모두 알고 있다. 인간의 뇌는 발생 가능한 위협에 경고 신호를 보내도록 만들어져 있기 때문이다. 하지만 이런 생각을 철저히 검증하고, 샅샅이 살피고, 잘못된 전제를 바로잡는 일이 불가능한 것도 아니다. 이런 과정을 충분히 연습해두면 사람들을 만나고 대하는 일이 조금은 수월해진다.

어떤 상황이 닥치기도 전에 지나치게 많은 생각을 하지 말고 마음을 열어두라. 사람들을 맞닥뜨리는 상황이 두려울 수도 있다. 두려움을 존중하되 동시에 새로운 사람을 만나면서 뜻깊은 대화를 나누거나 즐거운 경험을 할지도 모른다는 가능성에 늘 마음을 열어두어야 한다. 이런 태도로 사회생활을 하면 여러 장점을 누릴 수 있다. 최악의 일들은 생각보다 그렇게 자주 일어나지 않는다. 설령 안 좋은 일이 일어난다 해도 의외로 쉽게 조율할 수 있다. 그럼 두려운 상황을 바라보는 관점을 바꾸어가는 구체적인 방법을 살펴보자.

상황을 통제하려는 압박에서 벗어나라

다른 사람과 있을 때 엄청난 스트레스와 불안을 느끼는 이유가 무엇일까? 바로 상황을 통제하고 싶다는 마음 때문이다.

현실적으로 상황을 완벽하게 통제하겠다는 생각은 망상에 가깝다. 이는 아무도 도달할 수 없는 목표다. 새로운 상황을 만나도 편안하고 싶다면 어떤 일이 계획대로 흘러가지 않을 수 있지만 결국에는 모든 게 괜찮아지리라는 사실을 받아들이자.

구체적으로 어떻게 해야 할까? 완벽하지 않은 상황에서도 완벽하게 괜찮은 자기 모습을 시각화해보자. 평소 하던 생각과 정반대인 생각을 자신에게 들려주는 것도 방법이다. 다음 몇 가지 예를 살펴보자.

□ 모든 일이 완벽하게 흘러갈 것이라는 희망을 버리고 상대가 누구든 그 사람과 진솔하게 대화하는 자신의 모습을 그려보자.

□ 절대 실수를 저지르지 않으려고 애쓰는 모습이 아니라 실수하더라도 자신감 있게 대처하는 자신의 모습을 그려보자.

□ '누군가 말을 걸어오면 어떡하지?' 혹은 '어떻게 이 자리를 벗어나지?' 하는 걱정은 버리고 주어진 상황에서 좋은 결과를 낼 수 있다는 자신감을 가져보자.

요약하자면, 반드시 자신이 모든 상황을 통제해야 한다는 강박을 어떤 상황이 발생해도 괜찮다는 생각으로 대체해보자는 말이다.

지금은 고인이 된 자기계발 전문가 웨인 다이어Wayne Dyer가 이러한 사고방식을 제안하며 힌두교의 스승 니사르가닷따 마하라지Nisargadatta Maharaj의 말을 인용했다. "내가 사는 세상에서는 어떤 일도 잘못되지 않는다." 모든 경험에서 배우고 성장할 수 있다는 의미다.

다른 사람과 교류하는 일에서는 더더욱 그렇다. 누군가와 좋은 대화를 나누는 것은 무척 뜻깊은 일이다. 유독 잘 맞지 않는 사람이 있다는 사실을 알게 될 때도 마찬가지다. 심지어 시행착오를 겪으며 사람들이 내게 듣고 싶어 하는 말이 무엇인지 알게 될 때도 있다. 이 관점에서 보면 모든 일이 결국에는 다 괜찮아진다.

이는 인지행동치료에서 '인지' 치료의 핵심 원칙이기도 하다. 상황을 바라보는 사고방식을 바꾸는 것이 중요하다. 인지행동치료의 목적은 현실을 모른 척하는 것이 아니라 현실을 있는 그대로 인정하는 것이다. 우리가 실수할 수도 있는 인간이라는 사실을 인정하자. 누군가와 공감대를 형성하는 데 실패할 수도 있다. 그래도 최선을 다해야 한다. 자신이 어떤 것도 완벽하게 해낼 수 없다고 단정 지으며 스스로를 가혹하게 다그치지 말자.

연습해보기

성공한 자기 모습 그려보기

연구에 따르면, 인간의 마음은 어떤 일을 상상만 할 때와 실제로 경험할 때 똑같은 반응을 보인다. 시각화가 여러 사회적 상황을 준비하는 데 대단히 강력한 도구가 될 수 있는 것도 이런 이유다.
이미 우리는 부정적인 결과를 마음속으로 그리는 시각화 활동을 하며 산다. 흔히 잘 알려진 말로 '걱정'이다!
여기서는 걱정 대신 주어진 상황에 성공적으로 대처하는 모습을 그려보는 연습을 한다. 아래 과정을 따라 해보자.

☞ 가만히 앉아 눈을 감고 모임이나 행사에 참석한 자기 모습을 상상해보자.

☞ 환한 미소를 띤 채 차분하고 느긋한 모습으로 사람들을 따스하게 맞아주는 자신을 그려보자.

☞ 사람들이 여러분과 대화하는 시간을 진심으로 즐거워한다면 어떤 기분일지 상상해보자.

이 훈련에서는 어떤 말을 할지나 그 말이 좋게 받아들여질지는 걱정하지 말자. 그저 나다운 모습을 상상해보자. 위 과정을 따라 마음속으로 자신의 모습을 그려보고 감정에 어떤 변화가 일어나는지 살펴보자.

완벽해지려고 애쓰지 마라

대화를 둘러싼 불안과 두려움 대부분은 자신이 '완벽한' 외모에 '완벽한' 행동을 하는 '완벽한' 존재가 아니라는 압박에서 온다. 모순적이게도 진정으로 의미 있는 대화를 하려면 완벽함을 버리고 자기 모습을 진솔하게 드러내야 한다. 세상 모든 사람이 당신과의 만남을 좋아하지는 않는다는 사실을 기억하자. 그럼 어떤가. 더러는 실수도 하겠지만 그래도 괜찮다. 인간이란 본래 그런 존재이기 때문이다.

나 역시 처음 대중 앞에 섰을 때는 강연을 완벽하게 해내야 한다고 생각했다. 이런 생각은 불안감을 점점 증폭시켰다. 나는 몇 년이 흐른 뒤에야 혼잣말로 나를 다독일 수 있었다. 나는 스스로 이런 말을 건넸다. "일 년에 한두 번쯤은 강연을 망치기도 해. 오늘이 마침 그날이라면 어쩔 수 없지. 그래도 내 삶은 끝장나지 않아."

대화나 모임을 앞둔 여러분도 같은 전략을 사용할 수 있다. 자기 자신에게 이렇게 말해보라. "나도 인간이야. 인간적인 게 뭐 어때서. 무슨 일이 일어나도 받아들일 거야. 내 삶은 계속될 테고 결국엔 다 괜찮을 테니까."

완벽주의를 고치는 단 하나의 치료약은 자신이 인간임을 인정하는 일이다. 또한 인간은 누구나 실패할 때가 있다는 사실을 인정해야 한다. 이상적인 세계에서는 누구나 사람을 사귀고 대하는 기술을 완벽히 숙지해 연설이나 대화도 문제없이 할 것이다. 하지만 현실 세계는 다르다. 대화의 기술을 배우는 과정은 젓가락질을 배우는 과정과 똑같다. 서툰 젓가락질로 식탁이 좀 엉망이 되면 어떤가. 식사 시간만 즐거우면 그만이다.

그렇다고 실수를 해도 아무런 상관이 없다든가 실수를 피하려고 노력하지 않아도 된다는 의미는 아니다. 다만 우리의 목표는 좋은 대화이지, 완벽한 대화가 아님을 마음에 새기자는 말이다.

작가이자 심리치료사인 브레네 브라운 박사Brené Brown는 저서 『불완전함의 선물』(청하출판사, 2011)에서 이렇게 말한다. "완벽주의는 '내가 모든 것을 완벽하게 해내면 수치심, 타인의 평가, 비난 같은 괴로움에서 벗어날 수 있거나 그런 괴로움을 최소화할 수 있겠지' 하는 그릇된 생각에 불을 지르는 자기파괴적이고 중독적인 신념 체계다." 완벽함은 결코 좋은 목표가 아니다. 완벽함은 우리의 감정이나 대화의 기술에 전혀 도움을 주지 못하는 그릇된 목표다.

누구나 실수한다

사람들이 모인 자리에서 말실수를 할까 봐 걱정되는가? 누구나 가끔 말실수를 한다. 누구에게나 쥐구멍에 숨고 싶은 순간이 있다. 실수를 저지르거나 부끄러운 일을 당할까 봐 걱정이라면 언젠가는 그런 일이 일어난다는 사실을 받아들여라. 부끄럽고 당황스러운 순간이 겁나서 새로운 기회나 만남까지 놓쳐서는 안 된다.

아무리 대화에 능수능란한 사람이라도 실수에서 완전히 자유로울 수는 없다. 내 얘기를 예로 들 수 있을 것 같다. 오래전 내 여동생에게 아주 친한 대학 친구가 있었다. 대학 시절부터 늘 이런저런 문제를 일으키던 친구였다. 수십 년이 흐른 뒤 한 연회장에서 그 친구를 우연히 만났는데, 캐나다에서 꽤 큰 기업의 CEO가 되어 있었다. 나는 그와 대화를 나누면서 그가 대학 시절 일으켰던 크고 작은 말썽 이야기를 꺼냈다. 그는 어색하게 웃으며 고개를 끄덕였다. 이후 여동생에게 그 친구를 만났다고 하자 동생은 그 CEO가 친구와 이름만 같을 뿐 전혀 다른 사람이라고 말해주었다.

그날 나는 실수를 저질렀다. 하지만 재앙은 일어나지 않았고, 하루도 무사히 지나갔다. 아마 그 사람은 나를 기억조차 못 하거나 당시 나와 나눴던 대화를 잊었을 것이다. 대부분 가벼운 대화가 오가는 상황에서는 실수를 저질러도 큰일이 일어나지 않는다. 그 이유를 세 가지로 정리하면 다음과 같다.

□ 사람들은 생각보다 실수에 관대하다. 한번 생각해보자. 상대가 대화를 하다가 큰 실수를 저질러 그를 안 좋게 생각했던 마지막 기억이 언제인가? 장담컨대 대화가 끝난 이후로 그 실수를 생각조차 하지 않았을 것이다. 누군가에게 좋지 않은 인상을 품는 것은 대체로 실수가 아니라 상대가 당신을 대하는 태도 때문이다. 거만하거나 잘난 척하거나 무관심하거나 도통 말할 틈을 주지 않고 자신만 떠드는 태도를 예로 들 수 있다. 실수와 달리 이런 행동은 얼마든지 통제 가능하다.

□ 대화에는 놀라운 회복력이 있다. 흔히들 대화를 유리잔 같다고 생각한다. 아주 조심조심 다루지 않으면 언제든 깨질 수 있다고 생각하는 것이다. 하지만 사실 사람들은 실수에 대단히 관대하고 너그럽다. 그러니 대화를 유리잔이 아닌 고무공이라고 생각하는 편이 훨씬 정확하고 효과적이다. 어디로 튈지 모르지만 아무런 상관이 없다.

□ 실수는 만회할 수 있다. 사람들은 실수를 저지른 뒤에도 여전히 자신이 했던 말과 행동을 통제할 수 있었다는 생각에 사로잡힌다. 실수를 잘 만회하면 오히려 실수가 긍정적 역할을 한다. 뒤에서 '말실수를 유연하게 만회하는 방법'을 논의하도록 하겠다.

대부분 대화에 참여하는 사람들은 어느 정도 상대를 향한 '관용'을 품고 있다. 면접관은 면접을 보는 사람이 긴장했으리라는 사실을 염두에 둔다. 당신을 처음 만난 사람은 당신이 자신을 아직 잘 모르리라고 짐작한다. 나이 든 친척은 젊은 사람과 자신 사이에 세대 차이가 있고 서로 관심사가 다를 것이라는 사실을 알고 있다. 그러니 가장 나다운 모습으로 상대의 말에 집중하고 대화의 흐름에 몸을 맡기면 된다.

말실수를 유연하게 만회하는 방법

자, 두려움이 현실이 되었다고 가정해보자. 당신은 다시 주워 담고 싶은 말을 내뱉었다. 이제 이 실수를 어떻게 만회할 것인가?

- 실수를 받아들여라. 자신이 실수할 수 있는 인간임을 인정하고 사람들에게 솔직히 말하라. 가능하다면 미소를 지으라. 예를 들면 이런 식이다. "제가 가끔 생각도 하기 전에 말부터 내뱉을 때가 있습니다."

- 적절한 유머를 활용하자. 실수를 저지른 뒤 편안하고 자신감 있는 태도를 보이면 실수를 만회하는 데 도움이 된다. 적절한 유머가 첨가되면 금상첨화다. 예컨대 이렇게 말해보자. "제가 방금 하루치 실수 할당량을 다 써버렸네요!"

□ 사과하라. 말실수로 누군가에게 상처를 줬다면 가장 먼저 해야 할 일은 사과다. 당신의 실수로 상처받은 사람이 지금 가장 중요하다. 성의 없이 "죄송합니다"로 끝내면 안 된다. 진심을 다해, 마음을 담아 사과해야 한다. 가령 이렇게 말해보자. "제가 방금 큰 실언을 했습니다. 깊이 사과드립니다. 여전히 당신을 존중하고 있다는 사실을 알아주셨으면 합니다." (단, 상처받은 사람이 없다면 사과할 필요도 없다. 공연한 사과는 불필요한 관심을 끌고, 자신을 열등감에 빠지게 하며 그 누구의 기분도 나아지게 하지 않는다.)

□ 미소를 지으며 다음 대화를 이어가라. 때론 무대응이 최고의 대응일 때도 있다. 실수를 저지른 후 상대에게 보일 수 있는 가장 좋은 태도는 자신감인 경우가 많기 때문이다.

마지막으로 실수를 저질러도 괜찮은 또 다른 이유가 있다. 우리는 완벽한 기계 같은 사람이 아니라 인간적인 면모를 가진 사람에게 더 호감을 가진다. 당당하되 불완전한 모습을 진솔하게 드러내며 대화할 때 서로의 인간적인 면을 볼 수 있다. 오히려 불완전하고 진실한 모습을 보일 때 상대방도 더 마음을 열게 되어 서로 공감대를 깊이 쌓는 경우가 많다. 여유로운 마음을 가지고 자신의 모습을 솔직하게 보여주자. 그리고 대화에서 어떤 일이 일어나더라도 늘 배우겠다는 자세를 갖자.

연습해보기

어떻게 말할 것인가?

말실수나 잘못된 말을 할까 봐 생기는 두려움을 떨치는 가장 좋은 방법은 실수를 만회할 방법을 미리 준비해두는 것이다. 자신이 자주 저지르는 말실수가 무엇인지 생각해보고 다음에 그런 실수를 한다면 어떻게 극복할지 적어보자. 다음 몇 가지 예를 살펴보자.

☞ 대화 내내 상대방의 이름을 잘못 불렀다는 사실을 깨달았다.

☞ 모임에서 누군가 당신에게 "이쪽은 스미스 박사 부부입니다"라고 말했는데 남자에게 "안녕하세요, 스미스 박사님" 하고 인사를 했다. 알고 보니 아내가 박사였다.

☞ 지역 유명 인사를 두고 험담을 했는데 알고 보니 험담을 한 상대가 그 유명 인사와 친한 친구임을 알게 되었다.

힌트: 실수를 인정하는 것부터 시작하자. 필요하다면 사과도 해야 한다. 마지막으로 어떻게 하면 자신감 있는 태도로 상대를 대할지 생각해

보자. 이런 말은 어떨까? "와, 대화 내내 제가 성함을 완전히 잘못 알고 있었네요. 죄송합니다. 엉뚱한 이름으로 불리면 기분이 언짢지요. 그나저나 새로 맡으신 직책이 궁금합니다. 어떤 일인지 들려주시겠어요?"

성공적인 대화를 위한 준비

모임을 앞두고 있다면 충분한 시간을 투자해 준비해야 한다. 무대 공포증을 앓고 있는 사람에게 권장하는 수많은 치료법 중 1순위는 단연 '준비'다. 다양한 모임에서 이야기를 나눌 때도 마찬가지다.

모임에 참석하기 전에 생각을 잘 정리해두면 마음이 한결 편안해질뿐더러 자신의 생각을 훨씬 효과적으로 전달할 수 있다. 다음은 모임에 앞서 미리 생각해두면 좋은 내용이다.

□ 어떤 모임인가? 같은 목적을 가진 사람들이 모이는 자리라면 그 목적 자체가 훌륭한 대화 소재다. 공통의 주제와 관련된 이야깃거리를 준비해보자. 가령 모인 사람들이 모임 주제와 어떤 관련이 있는지 혹은 그 주제와 관련해 어떤 경험을 했는지 등을 이야깃거리로 삼으면 된다.

□ 어디서 모이는가? 모임 장소는 그 모임이 어떤 성격

을 띠는지 알려줄뿐 아니라 그 자체로 대화의 주제가 된다. 예를 들어, 모임에 참석한 사람 대부분이 다른 도시에 살다가 처음으로 그 도시에 온 사람들일 수도 있다. 아니면 고향에 자부심이 가득한 사람들이 모여 옛 이야기를 나누는 자리일 수도 있다.

□ 누가 참석하는가? 일과 관련 있는 모임이라면, 참석자들 사이에 공통점이 있는가? 참석자들이 주로 사회초년생인가 아니면 임원인가? 그 모임에서 어떤 정보를 얻으려고 모였는가? 참석자들이 자신의 업무 성과를 발표하는 시간이 있는가? 일과 상관없는 모임이라면, 참석자들을 어떤 범주로 구분할 수 있는지 생각해보자. 나이, 성별, 관심사 등을 활용해 참석자들을 범주화해보자.

□ 모임에서 논의하기 좋은 주제에는 무엇이 있는가? 반대로 피해야 할 주제는 무엇인가? 모임에서 유익한 대화를 나누려면 참석하기 전에 미리 어떤 주제로 좋은 대화를 나눌지 생각해보고 다음 페이지에서 제안하는 좋은 주제와 피해야 할 주제를 살펴보자.

마지막으로, 모임에 참석하는 사람들에게 어떤 선입견이나 전제도 갖지 말라. 그곳에서 만나는 사람들을 전혀 모르는 사람이라 생각하고 그들에게 좋은 질문을 던져 유익한 내용을 배우겠다는 자세로 참석하라.

대화를 시작하는 데 필요한 지침

모임에 앞서 대화를 시작할 만한 소재를 3~5가지 정도 준비하면 매우 큰 도움이 된다. 소재는 모임의 형태, 참석자들의 유형, 모임 장소, 기타 요소 등을 토대로 정하면 된다. 다음은 좋은 대화 주제, 좋지 않은 대화 주제, 반드시 피해야 할 주제들이다.

좋은 대화 주제

- **공통의 비즈니스 관심사:** 예를 들어 벌목협회에 참석하게 되었다고 해보자. 여기서 대화를 시작하기 적절한 주제는 참석자들이 그 분야에서 구체적으로 어떤 일을 하고 있는가다.

□ **상대의 관심사:** 상대가 활동하는 밴드의 요즘 근황이 어떠한가? 새로 산 보트는 어떤가? 아니면 그가 코치를 맡은 어린이 야구팀 근황은 어떤가? 상대의 관심사를 이미 알고 있거나 알아낼 수 있다면 언제든 좋은 대화를 시작할 수 있다.

□ **상대방에 관해 묻기:** 이 모임에 자주 참석하는가? 좋아하는 스포츠 팀은 어디인가? 이 모임과 어떤 관련이 있는 사람인가? 상대에 관해 아직 잘 모른다면 질문을 던져라. 대부분 자신에 관해 이야기하는 것을 좋아한다.

좋지 않은 대화 주제

□ **날씨:** 지루하다! 날씨 이야기로 흥미진진하게 대화를 나눈 적이 있는가? 물론 예외는 있다. 그 모임에 참석하기 위해 1미터나 쌓인 눈을 헤치고 왔다면 그 일을 이야기 소재로 써도 된다.

□ **상대방의 인간관계:** 누군가에게 아내는 잘 지내냐고

물었는데 그들은 이미 이혼한 상태일지도 모른다. 자녀는 잘 있냐고 물었는데 자녀가 곤란한 상황에 빠져 있을 수도 있다. 상대방을 잘 안다면 지인의 근황을 묻는 것도 괜찮다. 하지만 잘 알지 못하는 사람이라면 그냥 단순히 "요즘 어떻게 지내십니까?" 정도로만 묻는 것이 좋다.

반드시 피해야 할 대화 주제

□ **정치:** 요즘처럼 양극화가 심한 시대에는 정치 이야기만큼 친구 사이를 갈라놓는 주제도 없다. 내 말이 상대의 정치적 입장에 영향을 미칠 가능성은 지극히 미미하거나 없다고 생각하는 편이 좋다.

□ **종교:** 종교에도 정치와 비슷한 논리가 적용된다. 종교 모임에 참석한 것이 아니라면, 설령 그런 자리라고 해도 상대방에 관해 아주 잘 아는 상황이 아니라면 영적 믿음이나 믿음의 결핍을 대화 소재로 삼지 않는 게 좋다.

□ **비판이나 불평**: 대화를 하다 보면 의도치 않게 상대와 관련 있는 일이나 사람을 비판하게 될 위험이 늘 있다. 그런 비판은 항상 대화를 불편하게 만든다. 하지만 누구나 예외 없이 싫어할 만한 보편적 주제, 가령 차량 정체 문제에 대한 불평은 예외다.

연습해보기

좋아하는 주제로 대화 시작하기

여러분이 가장 좋아하는 대화 주제는 무엇인가? 다른 사람과 가장 나누고 싶은 이야기 주제를 생각해보고 최소 3가지 이상 목록을 만들어 보자. 다음은 몇 가지 예다.

☞ 자신의 직업이나 전문 분야
☞ 좋아하는 취미
☞ 좋아하는 운동이나 스포츠 팀
☞ 좋아하는 여행지나 장소

이제 좋아하는 주제로 시작하는 대화 문장을 생각해보자.

자신감 훈련

사람들과 만나고 모이는 자리를 계속 피하면서 대화를 더 잘하게 되는 길은 없다. 드물게 입담을 타고난 사람도 있지만 어떤 분야에 관해 전문가처럼 말을 잘하는 사람들은 대부분 그 분야에서 오랜 세월 경험을 쌓아온 사람들이다. 경험을 통해 자신만의 노하우를 쌓은 사람이 대화를 잘할 수밖에 없다. 공식적으로든 비공식적으로든 대화를 연습하고 또 연습해 천성이 될 때까지 단련했기 때문이다.

여기서 한 가지 중요한 사실을 덧붙이자면 책에서 읽은 내용만으로는 대화를 더 잘할 수 없다. 이 책도 예외는 아니다. 대화를 잘하려면 직접 해보면서 실력을 쌓아야 한다. 그러니 이 책을 읽을 때도 따로 시간을 투자해 배운 내용을 연습하고 실전에 적용해야 한다. 저마다 속한 환경에서 내가 이야기하는 내용을 직접 적용할 때 이 책이 주는 가치를 최대화할 수 있다.

연습해보기

상대를 정해 훈련하기

운동선수는 경기에 나가기에 앞서 동료들과 함께 연습 경기를 한다. 이런 훈련을 대화에 적용하면 더욱 자신감 있게 대화할 수 있다. 편안하게 대화를 나눌 상대가 주변에 있는가? 배우자나 가족도 좋다. 그런 상대가 있다면 연습 시간을 따로 마련하고 괜찮은 주제를 정해 대화를 연습해보자. 천천히 부담을 느끼지 않는 선에서 자신감을 쌓아가자.
주위에 대화를 연습할 상대가 없다면 온라인이나 TV에서 사람들이 주고받는 대화를 본보기 삼아 적절한 대답과 대응을 연습해보자. 어느 쪽이든 중요한 것은 직접 해보는 것이다.

맺음말

좋은 대화로 가는 첫걸음은 말이 입 밖으로 나오기 한참 전에 머릿속에서 이미 시작된다. 당신과 상대의 감정을 이해하고, 다른 사람을 바라보는 관점을 바꾸고, 대화를 준비하는 일이 그것이다. 모임 전에 이런 연습을 하면 앞으로 대화를 이끌어가는 데 큰 도움을 받을 수 있다. 무엇보다 이런 과정을 연습하다 보면 자신감이 쌓인다. 이 자신감은 말하는 당사자나 듣는 사람 모두에게 유익하고 좋은 대화 시간을 선물한다.

어떤 분야든 기술을 익히는 과정은 같다. 대화도 꾸준히 연습하고, 혼잣말로 반복하고, 든든하게 준비하면 자신도 모르게 실력이 향상된다. 이제 다음 단계로 들어가보자. 다음 단계에서는 누군가를 만나 대화할 때 가장 먼저 신경 써야 할 일, 즉 좋은 첫인상을 주는 법을 살펴볼 것이다.

첫인상을 가르는 결정적 7초

“어이!” 내가 말했다.

“어이” 모티가 말했다.

“어이! 어이!”

“어이! 어이! 어이!”

대화를 더 이어가기는 어려울 성싶었다.

- P.G 우드하우스, 『나의 집사 지브스』 중에서

다른 사람을 만날 때 상대가 자신을 어떻게 생각할지 혹은 자신에게 어떤 첫인상을 갖게 될지 걱정되고 불안한가? 좋은 소식이 있다. 처음 몇 초만 제대로 해내면 그다음은 걱정할 필요가 전혀 없다.

이 장에서는 행사나 모임에 참석했을 때 강렬한 첫인상을 줄 수 있는 실용적인 전략을 살펴볼 것이다.

사람과 눈을 마주치고, 자연스럽게 어울리고, 당당하게 악수하는 법을 이해한다면 그리고 사람들을 만나는 데 필요한 기본 기술을 익힌다면 새로운 모임에 참석하게 되었을 때 훨씬 든든할 것이다.

이 장에서 소개하는 사소하고도 구체적인 내용을 익힌다면 다른 사람이 당신을 보는 방식에도 큰 영향을 미칠 것이다. 1장에서 언급했던 '사회적 인지'라는 말 기억하는가? 만나는 사람들에게 긍정적인 인상을 주는 데 가장 중요한 시간은 상대와 처음 만나는 단 몇 초다. 이제 구체적인 방법을 살펴보자.

첫인상의 중요성

첫인상first impression에서 '인상'을 의미하는 영어 단어 'Impression'의 어원은 라틴어 'Impressio'다. Impressio는 '눌러 담는다'는 의미를 내포한다. 이를 반영하듯이 영어 Impression의 사전적 정의 중에도 '어떤 표면을 세게 눌러 생긴 자국'이라는 뜻이 있다. 이 표현은 사람과 사람이 만났을 때 처음 일어나는 상황을 잘 보여준다. 누군가를 처음 만났을 때 인상이라는 자국이 남고 그 자국이 만남 후에도 오래도록 지속되기 때문이다.

그렇다면 첫인상과 대화는 어떤 관련이 있을까? 큰 맥락에서 보면 대화에서 첫인상은 상대의 포용력을 결정한다. 많은 사람이 인상에 영향을 받는다. 따라서 좋은 인상을 주면 대화 분위기도 한결 편안하고 관대해진다. 그렇다고 이 문제로 걱정할 필요는 전혀 없다. 오히려 긍정적으로 생각할 수 있다.

자신에게 좋지 않은 인상을 주었던 사람들을 떠올려보라. 십중팔구는 무례하게 굴었거나 성격이 어딘가 잘 맞지 않는 사람이었을 것이다. 그런 사람은 당신이 만나고 어울린 사람 중 지극히 소수가 아닌가? 이 말은 첫인상을 좋게 만들 기회가 아주 많으며 그 방법을 배우면 훨씬 더 즐거운 대화를 나눌 수 있다는 의미다.

1장에서도 언급했듯 누군가를 만나 첫인상을 심어줄 시간은 단 몇 초뿐이다. 좋은 첫인상을 주기가 어려운 이유도 이 짧은 순간에 언어뿐 아니라 행동까지 신경 써야 하기 때문이다. 이제 사람들이 첫 만남에서 가장 먼저 알아채는 부분을 살펴보자. 첫 단계는 바로 비언어적 언어, 즉 몸짓언어body language다.

연습해보기

자신의 첫인상을 그려보자

비즈니스 모임에 참석했다고 가정하고 자신이 다른 사람에게 어떤 첫인상을 주고 싶은지 써보자. 그 후 다음 질문에 답해보자.

☞ 평소 나는 어떤 몸짓언어를 사용하는가?
☞ 다른 사람에게 어떻게 인사하는가?
☞ 상대에게 가장 먼저 하는 말은 주로 어떤 말인가?

이제 위 질문의 답을 토대로 평소 자신의 몸짓언어, 인사, 상대에게 건네는 첫마디를 적어보자. 자신의 평소 모습과 이상적인 모습을 비교했을 때 어떤 차이가 있는가? 현재 자신이 잘하고 있는 부분을 파악하기 위해 두 항목을 비교해보고 첫인상을 좋게 심어줄 만한 긍정적 요소가 자신에게 있는지 살펴보자.

몸짓언어

사람들은 다른 사람의 몸짓언어에서 어떤 정보를 얻고 어떤 생각을 할까?

몸짓언어 전문가 조 내버로Joe Navarro는 타인의 몸짓언어를 통해 상당히 많은 것을 알 수 있다고 말한다. 내버로는 냉전 시대에 FBI 수사관으로 일하며 다양한 범죄자와 테러리스트의 범죄 동기를 파악해왔다. 현재는 FBI 경력과 지식을 활용해 사람들이 더욱 풍요로운 삶을 가꾸도록 돕고 있다. 베스트셀러에 오른 『FBI 행동의 심리학』(리더스북, 2022)에서 그는 세상을 "인간이 서로 교류할 때마다 무수한 정보가 흘러나오는 생생하고 역동적인 곳"이라고 말한다. 사람의 몸짓과 표정을 인식하고, 해석하고, 활용하는 법을 배우면 다른 사람을 만날 때 얻을 수 있는 정보의 양도 크게 늘어난다.

여기서 제시하는 사례는 주로 직접 얼굴을 보며 자연스럽게 대화를 나누는 일반적인 비즈니스 모임이라고 전제한다. 물론 전형적인 비즈니스 모임이 아닌 다른 모임, 이를테면 술집에서 가지는 모임이나 함께 식사하는 자리, 연회 등에도 이 원칙을 동일하게 적용할 수 있다. 우리의 목표는 자신감 있는 태도를 잃지 않고 상대를 따뜻하게 환영한다는 느낌을 주는 일이다. 이제 몸짓언어의 구체적 사례를 살펴보자.

자세

어린 시절에 한 번쯤은 부모님에게 어깨를 구부정하게 굽히지 말고 허리를 똑바로 펴라는 충고를 들어봤을 것이다. 이 조언은 좋은 첫인상을 줄 때도 통한다. 첫인상에서 자세는 대단히 중요하다. 사람을 볼 때 가장 먼저 눈에 들어오는 모습이 자세다. 멀리 떨어져 있는 사람이라도 자세는 알아볼 수 있다. 누군가와 대화를 나누거나 대중 앞에서 연설할 때 좋은 자세는 더욱 중요하다. 이제 좋은 자세의 기초부터 살펴보자.

어깨와 허리를 자연스럽게 똑바로 펴고 서거나 앉는다. 이때 양손은 자연스럽게 두거나 편안하게 무릎에 올리고 깍지를 낀다. 군인처럼 차렷 자세로 있거나 지나치게 경직되어 있을 필요는 없다. 몸짓과 표정에서 자신감이 드러나야 한다. 주머니에 손을 넣은 자세나 등 뒤로 뒷

짐을 진 자세, 구부정하게 굽힌 자세는 피해야 한다. 이런 자세는 상대로 하여금 거리감을 느끼게 한다.

자세는 감정을 드러내는 신호이며 때론 말보다 더 강력하다. 앞에서도 논의했듯 불안은 우리가 위협을 느낄 때 나타나는 투쟁-도피 반응의 일부다. 다음은 불안할 때 자주 보이는 자세다.

- □ 상대방을 똑바로 바라보지 못하고 시선을 피한다.
- □ 사람들에게 다가가지 못하고 멀찍이 떨어져 있다.
- □ 팔과 어깨가 공격을 피하는 사람처럼 경직되어 있고 방어적이다.

싸움처럼 직접 위협이 가해지는 상황에서는 위에서 말한 세 가지 모두 적절한 방어 자세다. 하지만 일상적인 대화에서 이런 몸짓은 대화의 목적을 방해하고 상대방으로 하여금 암묵적인 거부감과 거리감을 느끼게 한다. 사람들이 당신에게 선뜻 다가와 따뜻하게 환영해주지 않는다면 말보다 자세를 먼저 점검할 필요가 있다.

중요하지만 많은 사람이 간과하는 자세가 또 있다. 바로 상대를 향해 몸을 기울이는 자세leaning in다. 『린 인』(와

이즈베리, 2013)이라는 유명한 자기계발서에도 나오듯 상대를 향한 이 적극적인 자세는 몸짓언어 가운데서도 아주 좋은 전략이다. 더욱이 이 자세는 대화에서 신체적으로뿐 아니라 감정적으로 어떻게 대처해야 하는지를 잘 보여준다.

커뮤니케이션 기술 워크숍을 하면 나는 가장 먼저 사람들을 2인 1조로 구성해 서로에게 질문을 던지는 훈련부터 시킨다. 꿈꾸는 휴가 계획이나 가장 좋아하는 음식, 이상적인 여행 친구 등에 관해 묻고 대답하게 하는 훈련이다. 사람들이 훈련하는 동안 나는 뒤에 서서 사람들이 대화하는 모습을 지켜본다. 대부분은 서로를 향해 몸을 기울이며 대화를 나눈다. 누군가를 향해 몸을 기울인다는 것은 그 사람에게 관심이 있음을 보여주는 전형적인 몸의 신호다.

대화를 할 때 긴장이 된다면 상대를 향해 살짝 몸을 기울여보라. 호감을 나타내는 이 몸짓 하나로 서로 기분이 훨씬 나아진다. 상대를 향해 몸을 기울이는 자세는 감정과 무관하게 할 수 있으며 불안을 드러내는 자세보다 대화의 집중도를 높여 상대가 내 말을 더욱 경청하게 해준다. 이것이 상대를 향해 몸을 기울이는 자세가 매우 중요한 또 다른 이유다.

마지막으로 상대의 물리적 경계선을 존중해야 한다. 대화를 하면서 자신이 상대에게 지나치게 가깝게 서 있지는 않은지 신경 써야 한다. 사람과 아주 가까이 있는 것을 좋아하는 사람도 있고 멀찍이 떨어져 있는 것을 좋아하는 사람도 있다. 사람과의 물리적 거리는 주로 문화적 배경에 큰 영향을 받는다. 실제로 모임을 하다 보면 한 사람은 자꾸 다가서고 한 사람은 자꾸 뒤로 물러서면서 마치 쫓고 쫓기는 듯한 자세로 대화를 하는 사람들도 있다. 이 경우 두 사람은 서로 다른 문화권인 경우가 많았다.

앞서 언급한 내버로는 이런 거리를 조절하는 기술이 뛰어나다. 그가 나고 자란 쿠바는 사람과 사람 사이의 거리가 가까운 것을 선호하는 문화권이다. 그는 누군가를 처음 만날 때 가까이 다가가 악수를 한 뒤 한 걸음 물러서라고 제안한다. 그때 만약 상대가 다가온다면 거리가 가까울 때 편안함을 느끼는 사람일 테다. 반대로 조금 떨어져 대화를 이어가거나 상대도 역시 한 걸음 물러선다면 그 사람은 자신이 편안하게 느끼는 거리감을 조절하는 중일 테다. 이때는 상대가 설정한 거리를 존중하며 대화를 이어가면 된다.

시선

눈에는 상대에게 전달할 수 있는 정보가 아주 많이 담겨 있다. 상대에게 얼마나 관심이 있는지, 그 자리를 얼마나 편하게 느끼는지, 대화에 얼마나 몰입해 있는지 등은 눈을 보면 모두 알 수 있다. 시선 처리 방법을 잘 알아야 하는 이유도 적절하고 올바른 눈 맞춤을 통해 상대에게 원하는 인상을 줄 수 있기 때문이다.

우리가 대화할 때 서로를 바라보는 이유는 상대에게 유대감을 보여주기 위함이다. 눈을 맞춘다고 표현하는 것도 이런 이유다. 다른 몸짓언어와 마찬가지로 눈을 맞추는 데도 적절함이 필요하다. 계속 시선을 피하고 외면하면 상대에게 무관심하다거나 이 자리가 불편하다는 신호를 전달하게 된다. 반대로 상대를 뚫어지게 쳐다보는 태도 역시 상대를 당황스럽게 한다. 대화할 때는 적당히 시간차를 두고 상대의 눈을 바라보되 상대가 눈을 맞추는 간격과 흐름에 맞추는 것이 좋다.

적절한 눈 맞춤은 기본적인 예의다. 계속 두리번거리거나, 누군가를 찾으려고 상대의 어깨 너머로 시선을 던지거나, 산만하게 여기저기를 바라보거나, 스마트폰만 바라보는 태도 모두 좋지 않다. 따뜻하고 다정한 눈 맞춤으로 상대에게 적절한 관심을 드러내야 한다.

눈 맞춤의 과학

사람이 타인과 눈을 마주치는 데는 어떤 생물학적 이유가 있을까? 『운동선수의 길』*Athlete's Way*의 저자 크리스토퍼 버글랜드 Christopher Bergland의 연구에 따르면 눈을 맞추는 행위는 움직이는 먹잇감을 창으로 사냥하던 시절에 유용했던 살아남기 위한 전략이나 테니스공을 주시하다가 공을 쳐 네트를 넘기는 행위와 관련이 있다.

이 행위는 '전정안구반사vestibular-ocular reflex'로 알려진 안구 운동의 영향으로 일어난다. 눈의 움직임은 소뇌와 관련이 있다. 소뇌는 초기 인류가 사냥과 채집을 할 수 있게 해준 가장 원초적인 뇌 영역이다. 인간은 머리를 쉬지 않고 움직인다. 대화할 때도 마찬가지다. 전정안구반사는 이렇게 머리를 움직이는 동안 목표물에 시선을 고정시키는 신경 체계다.

사람들은 대체로 적절한 눈 맞춤에 긍정적 반응을 보인다. 자신에게 시선이 온다는 것은 자신을 '목표'로 이 신경을 활용하고 있다고 느끼기 때문이다(물론 인간은 누군가를 바라볼 때 그 사람이 '사냥'

당한다고 느끼지 않도록 오랜 세월 학습해왔다). 자폐 스펙트럼에 있는 사람들이 다른 사람과의 만남을 어려워하는 이유도 신경학적으로 시선을 맞추는 행위가 일반인보다 훨씬 어렵기 때문이다. 버글랜드는 "얼굴과 얼굴을 마주보며 인간관계를 맺는 것이야말로 행복과 건강, 장수의 궁극적 비결"이라고 한 연구를 언급하며, 눈맞춤은 훈련을 거듭할수록 점점 발전하는 기술이라고 말한다.

손 처리

몸짓언어를 기술이라는 관점에서 보면 손은 참 까다로운 신체 기관이다. 다른 사람과 대화하는 동안 손을 주로 어디에 두는가? 다리 옆에 붙이고 있는가? 이런저런 손동작을 화려하게 하는가? 습관적으로 손가락을 딱딱 튕기는가?

대화에서 손은 주로 두 가지 용도로 사용된다. 하나는 편안하고 자연스러운 자세로 자신감을 드러내려는 용도고 또 하나는 의사소통 도구로 활용하려는 용도다.

앞서 손을 가장 잘 처리하는 방법으로 자연스럽게 두거나 한 손으로는 무언가를 들고 나머지 한 손은 편안하게 두는 자세를 언급했다. 차렷 자세는 상당히 어색하고 우스꽝스럽다. 서 있는 경우라면 의자나 테이블을 한 손으로 짚어 몸 전체를 지지하는 자세도 괜찮다. 어떤 자세를 취하든 손은 편안하고 자연스럽게 두어도 괜찮다. 어차피 손은 어디 가지 않을 테니까.

그렇다면 두 번째 제안인 의사소통 도구로 손을 활용하는 법을 살펴보자. 손짓은 대화를 중단시키는 기능도 있지만 상대에 대한 몰입을 보여주는 기능도 한다. 아일랜드계 미국인인 나는 가끔 내 양손을 묶어두면 한마디도 못 할 것 같다는 농담을 한다. 그렇다고 손동작을 남발해서는 안 된다. 핵심을 전달하거나 특정 내용을 강조할 때만 손동작을 사용하되 차분하게 사용해야 하며 손이 몸에서 지나치게 멀어지지 않도록 해야 한다. 정신없이 휘두르거나 과장하거나 너무 빠르게 휙휙 움직이지 않도록 신경 써야 한다.

손동작에서 주의할 점이 또 있다. 손동작으로 불안한 마음을 드러내지 않도록 주의해야 한다. 안절부절못하거나, 계속 얼굴을 만지거나, 손가락으로 머리카락을 비비꼬거나, 양손을 비비는 행위 모두 조심해야 한다. 양손을 주머니에 넣는 자세 또한 피해야 한다. 손을 주머니에 넣은 자세는 편하고 친숙한 느낌을 주기도 하지만 경우에 따라서는 무관심으로 해석될 수도 있다.

마지막으로 대화 도중에 어깨를 두드리는 등 신체 접촉을 해도 될까? 신체 접촉을 좋아하는 사람에게는 이런 자세가 긍정적으로 받아들여진다. 하지만 잘 알지 못하는 사람에게는 신체 접촉을 하지 않는 방법을 권한다. 특히 당신이 남성이고 상대가 여성일 경우엔 더욱 조심해야 한다. 나는 낯선 이의 신체 접촉 때문에 과거의 트라우마나 성추행, 성폭력 등의 기억이 떠올라 괴로웠던 사람들을 많이 상담해왔다. 이런 위험은 애초에 없애는 편이 좋다. 손동작과 몸짓언어는 적당히 상대를 존중하는 거리 내에서 따뜻한 느낌을 전달할 수 있는 방식으로만 사용해야 한다.

악수

문헌에 따르면, 악수는 약 기원전 5세기부터 고대 그리스를 비롯한 다양한 문화권에서 널리 사용된 몸짓언어다. 당시 사람들은 내 손을 상대방의 손에 댐으로써 상대방을 해칠 무기를 쥐고 있지 않음을 보여주었다.

현대 사회에서는 더 이상 내게 무기가 없음을 상대에

게 보여줄 필요가 없다. 대신에 든든하고 좋은 악수는 첫 인상을 크게 좌우한다. 악수는 상대를 환영하는 인사이자 열린 마음으로 유대감을 표현하는 수단이며 짧지만 손과 손이 맞닿는 중요한 순간이다. 자신감 있는 첫인상을 주는 도구이기도 하다.

악수를 할 땐 적절한 손아귀 힘이 중요하다. 상대의 손을 지나치게 꽉 움켜쥐어서도 안 되고 너무 힘을 뺀 나머지 죽은 물고기처럼 축 늘어져도 안 된다. 악수는 짧고 명료해야 한다. 엄지를 살짝 위로 한 상태에서 오른손으로 상대의 오른손을 잡고 빠르게 위아래로 흔든 뒤 손을 놓는다. 악수하는 동안 상대의 눈을 바라보며 미소 짓는 것이 가장 이상적이다.

미국에서는 악수할 때 성별을 구분하지 않는 것이 일반적이다. 하지만 문화권마다 악수 예절이 다르니 주의하도록 하자. 다음은 다양한 문화권의 악수 사례다.

□ 러시아에서는 동성끼리만 악수하는 경우가 많다.

□ 태국 사람은 신체를 접촉하는 인사보다 서로에게 고개를 숙이는 인사법을 더 선호한다. 양손을 합장한 상태로 고개를 숙이는 인사로, '와이'라고 불린다(상

대의 계급이 높을수록 더 깊이 숙여 인사한다).

□ 몇몇 국가에서는 종교적인 이유로 남녀가 절대 서로의 신체를 접촉하지 않는다.

악수를 청할 때는 상대방의 문화를 섬세하게 파악하고 상대의 몸짓을 주의 깊게 살펴보아야 한다. 외국 사람과 대화할 기회가 생긴다면 그 나라의 문화와 관습을 미리 알아두도록 하자.

연습해보기

악수 연습

친구나 가족 등 적당한 상대를 골라 악수와 인사말을 연습해보자. 다음을 참고하라.

☞ 미소를 머금은 채 편안하게 다가가 상대와 눈을 마주치며 오른손을 내밀라.
☞ 악수할 때는 상대의 손을 너무 꽉 쥐어도, 너무 헐겁게 잡아도 안 된다. 적절한 세기를 손에 익히자.
☞ 잡은 손을 한두 번 위아래로 흔들되 지나치게 서두르거나 질질 끌지 말아야 한다.
☞ 잡았던 손을 놓고 편안한 자세로 돌아가 대화를 나눈다.

역할을 바꿔 상대방의 소개와 인사를 주의 깊게 듣는다. 그다음에 서로 피드백을 주고받는다. 악수와 인사가 편하고 자연스러워질 때까지 계속 연습하라.

미소

첫인상에서 빼놓을 수 없는 또 하나 중요한 몸짓언어가 친절한 미소다. 찌푸린 표정으로 상대방과 대화를 나누고 싶은 사람은 없을 것이다.

여기서 한 가지 기억해둘 만한 용어가 있다. 바로 '게임 페이스game face'라는 단어다. 스포츠에서 주로 사용하는 말인데, 운동선수가 경기장에 들어서기 전에 결의에 찬 표정을 지으며 경기에 임하는 마음가짐을 다지는 행위를 가리킨다. 일반적인 대화 상황에서도 이를 적용해 자신만의 게임 페이스를 만들 수 있다. 사교 모임이나 행사에 참여하기에 앞서 행복한 표정, 자신감 있는 표정, 미소를 머금은 표정 등 자신만의 표정을 지어보라. 어떤 모임에서든 자신에게 맞는 '게임 페이스'를 만들 수 있다.

누구나 모임에서 자기 표정을 관리할 정도의 능력은 있다. '게임 페이스'는 모임 전에 미리 연습해 얼굴 근육이 기억하도록 해두자. 그래야 필요한 순간에 언제든 그 표정을 지을 수 있다. 나는 양쪽 입꼬리가 올라오는 것이 느껴져야 내가 제대로 미소 짓고 있다는 확신이 든다. 어떤 이들은 보기 좋은 미소를 짓기 위해 거울 앞에서 부단히 연습한다.

마지막으로 자신에게 편한 미소가 좋은 미소임을 잊지 말자. 조명을 100개나 켠 듯한 환한 미소가 억지스럽고 부담스럽다면 자신에게 잘 맞는 편안하고 상냥한 미소를 연습해보자. 편안하게 웃되, 상대방이 자신의 표정을 보고 있다는 사실을 잊지 말고 대화를 나누는 동안 상대를 편안하게 해주는 표정이 무엇일지 고민해보자.

미소와 문화

미국에서 누군가를 향한 미소는 상대를 존중한다는 표시로 여겨질 때가 많다. 하지만 이것이 만국 공통의 문화는 아니다. 한 연구는 미소가 문화권마다 다양하게 해석되는 이유를 제시했다.

폴란드의 심리학자 쿠바 크리스Kuba Krys는 지나치게 과한 미소가 일부 문화권에서는 낮은 지능이나 부정직의 표현으로 보일 수 있다고 지적했다. 또한 한 문화권이 미소를 어떻게 받아들이느냐는 그 문화권의 '불확실성 회피성향uncertainty avoidance'(한 문화의 구성원들이 불확실한 상황이나 미지의 상황 때문에 위협을 느끼는 정도를 의미함—옮긴이) 정도와 관련 있다고 말했다. 불확실성 회피성향의 수준은 사회 구성원들이 법체계나 의료보험 같은 사회 체제를 얼마나 안정적으로 받아들이느냐에 따라 달라진다.

불확실성 회피성향이 강한 나라에서는 과한 미소가 자신감과 다정함보다는 의심스러운 표정으로 보이기 쉽다. 러시아인 부모 밑에서 자란 작가 올가 카잔Olga Khazan은 미소를 짓지 않는다고 해서 불행한 것은 아니라고 배우면서 자랐다고 말한다.

그러니 누군가 당신의 미소에 미소로 답하지 않는다고 해서 너무 걱정하지 않아도 된다. 어쩌면 그 사람은 당신과 다른 문화에서 자랐을지도 모른다.

경청하는 태도

이 책에서 우리는 '대화'에 관한 이야기를 계속 하고 있다. 하지만 사실은 '즐거운 대화에 상대를 초대하기'에 관한 이야기라는 표현이 더 정확할 것이다. 상대로 하여금 자신이 공감을 얻고 있다고 느끼게 하는 대화가 이 책의 실질적 목표이기 때문이다.

우리의 목표를 이렇게 잡는다면 대화의 핵심은 상대의 말에 적극적으로 귀를 기울이는 태도라고 할 수 있다. 실제로 상대의 말을 주의 깊게 듣지 않으면 대화 자체를 이

어갈 수 없다.

하지만 사람들은 종종 경청이라는 말을 오해한다. 누군가의 말을 경청한다는 뜻은 단순히 말을 하지 않는다는 의미가 아니다. 더 확실하게 말하자면, 누군가에게 이야기할 시간과 공간을 내어주는 행위가 경청에서 가장 중요하다. 진지한 경청은 생각보다 훨씬 더 적극적인 상호작용이며, 자신이 상대의 말을 잘 따라가고 있음을 알려주는 신호다.

전문가들은 경청을 가리켜 상대를 향한 '최소한의 격려minimal encouragers'라고 표현한다. 여기서 '최소한'이라는 표현을 사용하는 이유는 경청이 상대방의 말을 끊지 않으면서 공감을 보여주는 표현이기 때문이다. '격려'라는 표현을 사용하는 이유는 당신의 행동을 통해 상대방은 누군가 자신의 말을 주의 깊게 듣고 있으며 자신의 의견이 존중받는다고 느낄 수 있기 때문이다. 다음은 최소한의 격려에 필요한 몇 가지 표현법이다.

□ 고개를 끄덕인다.

□ 상대의 표정을 따라 지으며 반응해준다.

□ 중간중간 "음", "그랬군요", "물론이죠", "맞아요" 같은

짤막한 말로 맞장구친다.

□ 상대에게 "그 부분을 더 자세히 듣고 싶어요"라고 말한다.

첫인상을 잘 관리하려면 상대의 말을 경청해야 한다. 앞에서 말했듯 경청이란 상대가 말하는 동안 단지 침묵하라는 말이 아니라 적절히 대응하는 태도를 의미한다.

이 장에서 제안하는 전략을 익히며 명심해야 할 점이 있다. 첫인상에 관한 한 내가 아니라 상대방이 어떻게 느끼느냐가 제일 중요하다. 그리고 상대방으로 하여금 좋은 감정을 느끼게 하려면 어떻게 말하느냐보다는 어떻게 듣느냐가 훨씬 더 중요하다.

어떻게 들을까?

당신이 상대에게 관심이 있음을 보여주는 쉬운 방법이 있다. 심리학자들은 이 기술을 '미러링mirroring'이라고 부른다. 미러링은 상대의 행동을 거울처럼 그대로 보여주는 행위다. 말 그대로 대화를 하면서 상대의 시선, 어조, 목소리 크기, 몸짓을 조금씩 따라 하는 행위를 가리킨다.

미러링을 통해 자신이 상대의 말을 잘 따라가고 있으며 상대가 하는 말에 관심이 있다는 신호를 보낼 수 있다. 특히 미러링은 데이트에서 큰 효과를 발휘한다. 다른 방법과 마찬가지로 미러링 역시 크게 어렵지 않은 경청의 기술로 여러 상황에서 널리 사용할 수 있다.

물론 자신이 하는 모든 동작을 일일이 따라 하는 사람을 좋아할 사람은 없다. '사이콜로지 투데이'의 칼럼리스트 제프 톰슨Jeff Thompson 박사는 금융 거래 같은 일부 상황에서는 미러링이 부정적 결과를 낳는다는 연구 결과를 보여주기도 했다.

하지만 우리가 맞닥뜨리는 일상적 상황에서 상대의 시선이나 몸짓을 조금씩 따라 하는 태도는 상대의 말을 대단히 열심히 듣고 있음을 보여주는 신호가 된다.

한 손을 비워두어라

모임에서 음식에 너무 집중하느라 상대의 이야기를 놓친 경험이 있는가? 양손에 이것저것을 쥐고 먹느라 대화에서 중요한 도구로 활용해야 할 손이 묶여 있던 적이 있는가? 대화할 때 최소한 한 손은 비워두자. 가벼운 음료나 간식이라도 계속 손에 쥐고 있기보다는 테이블 위에 올려두고 먹고 마시는 행위를 번갈아 하면 좋다. 상황이 여의찮으면 음식을 한입 크기로 조금만 집어 재빨리 먹어버리자.

대화 자리를 그저 배를 채우기 위한 식사 자리로 착각해서는 안 된다. 가볍게 먹고 마시는 모임이 아니라 식사에 좀 더 집중하는 자리라면 차분히 음식을 먹되 상대가 말을 하는 동안에는 잠시 식사를 멈추고 온전히 상대의 말에 귀를 기울여야 한다.

과음은 금물

어떤 사람은 술의 힘을 빌려 대화를 이끌어가려고 한다. 적당량의 술은 긴장 완화에 도움을 주지만 장기적으로 보면 술은 불안을 다스리는 좋은 방법이 아니다. 술은 시간이 흐를수록 불안을 더욱 증폭시키며 절제력을 무너트리기도 한다. 그러므로 술자리가 잡혔다면 반드시 자신의 음주량을 조절하고 관리해야 한다.

앞서 소개한 버나도 카두치 박사는 수줍음을 많이 타는 사람 중 12%가 “술을 먹으면 외향적 성격”이 된다고 말했다. 다른 사람을 만날 때 느끼는 불안감을 술로 다스린다는 의미다. 하지만 알코올은 인지 기능을 저해해 명료한 사고를 방해하며 이 방법에 계속 의존하다가는 과음으로 이어지기 십상이다. 무엇보다 카두치의 연구에 의하면 음주는 자신감 향상에 필요한 사회적 기술을 가르치거나 학습시켜주지도 않는다.

그렇다면 모임이 불편한 사람은 술을 어떻게 활용해야 하는가?

□ 자신이 술을 얼마나 잘 절제할 수 있는 사람인지, 평소 주량은 어느 정도인지, 술버릇이 어떤지 등을 잘 알아두어야 한다.
□ 술을 마실 때는 빈속에 마시지 말고 반드시 음식을 함께 먹는다.
□ 믿을 만한 친구에게 부탁해서 술을 과하게 마시기 전에 알려달라고 한다.

모임에서 술을 의사소통의 보조 수단으로 사용하지 않도록 주의하자. 꾸준히 의사소통 기술을 익히고 연습하면 대화에서 생기는 불안을 효과적으로 줄일 수 있다.

기분이 좋아지는 명상법

모임 자리에서 술을 마시지 않고도 기분을 좋게 만드는 간단한 방법이 있다. 신체의 감각(시각, 청각, 촉각, 후각, 미각)에 집중해 마음을 안정시키는 명상 훈련으로, 일명 그라운딩 기법grounding이라고 불린다. 비행사였다가 비행사들의 비행 공포증을 치료하는 전문가가 된 톰 번Tom Bunn은 5-4-3-2-1 기술을 제안한다.

- 의자에 앉아 눈을 뜨고 편안하게 앞에 보이는 한 지점에 집중한다.
- 조용히 시야에 들어오는 다섯 가지 사물을 찾아보라. 그다음엔 귀에 들어오는 다섯 가지 소리에 집중한다. 그다음엔 몸에 느껴지는 다섯 가지 감각을 세어보라. 발을 딛고 있는 바닥의 촉감이나 셔츠 깃의 감촉을 느껴보라.
- 다섯 가지 사물과 소리와 감각을 다 감지했다면 이제 네 가지, 세 가지, 두 가지, 한 가지로 줄여가며 이 과정을 반복하라.

축하한다! 지금 여러분은 요란하게 질주하는 생각에서 벗어나 3분간 휴가를 다녀왔다. 이 짧은 휴가가 불안을 줄이는 데 큰 도움이 될 것이다.

연습해보기

마음 가라앉히기

모임 자리에서 술 대신 불안과 긴장을 달래줄 다른 방법은 없을까? 아래 예시를 보고 자신에게 맞는 방법이 있는지 생각해보자.

☞ 깊은 심호흡
☞ 긴장을 풀어주는 가벼운 운동
☞ 믿을 만한 친구와의 대화
☞ 명상
☞ 다른 사람과 차분하게 잘 이야기하는 자기 모습을 시각적으로 그리며 상상해보기
☞ 다시 어울리기 위해 잠시 휴식하기
☞ 그라운딩 기법으로 마음 다스리기

이 외에도 저마다 마음을 다스려줄 방법을 찾아보고, 자신에게 적합한 새로운 전략을 만들어보자.

시작은 천천히

대화가 무서울 때 꼭 짚고 가야 할 또 다른 요소는 속도감이다. 어떤 사람이든 자신에게 맞는 속도가 있다.

새로운 사람을 한꺼번에 만날 때 불안감이 급속히 치솟는다면 동시에 여러 명을 성급하게 만나지 않도록 주의해야 한다. 처음엔 한 사람과 가볍게 이야기를 나누고 그다음에 두세 사람과 대화를 나누면서 조금씩 만나는 사람을 늘려가자.

내가 사회불안 증상이 있는 사람들을 치료할 때 항상 강조하는 전략이 있다. 바로 잘 '빠져나오는' 전략, 즉 모임에서 잘 벗어나는 전략이다. 이 전략은 많은 사람이 모여 있는 상황을 자신이 어디까지 견딜 수 있는지 파악해 모임의 범위를 점차 넓혀가도록 돕는다.

다양한 모임에서 스스로 편안함을 느낄 수 있는 방법을 마련하고 자신을 통제하며 조절하는 법을 익힐 때 대화에 성공할 가능성이 커진다.

'천천히'는 두려움을 극복하는 좋은 전략

심리치료사들은 두려운 상황에 점진적으로 편하게 노출되는 경험을 '체계적 둔감법systematic desensitization'이라고 한다. 즉, 두려움을 일으키는 자극에 긍정적인 자극을 더해 조금씩 자신을 두려운 상황이나 대상에 노출하는 방법이다. 이 방법은 두려움을 느끼는 곳의 풍경, 소리, 감각에 완전히 편안해지기를 목표로 한다. 그러려면 한 번에 조금씩 두려움에 익숙해지는 법을 배워야 한다. 체계적 둔감법을 제대로 익히면 이전에는 두렵게 느껴졌던 자극도 전혀 무섭지 않게 느낄 수 있다.

두려운 상황에 자신을 서서히 노출하고 조금씩 그 상황에 익숙해지는 법을 배우는 전략은 앞서 언급한 인지행동치료 중 '행동'치료의 한 부분이다. 자신이 안전하다고 느낄 만큼만, 필요하다면 언제든 벗어날 수 있는 지점까지 차근차근 두려운 상황에 접근해 가는 이 방법은 주어진 상황에 완전히 익숙해지고 그 상황에 충분히 머물 수 있게 해주는 중요한 전략이다.

가짜 자신감

어떤 모임에서든 늘 자신감이 충만한 사람은 많지 않다. 하지만 걱정하지 말라. 때로는 가짜 자신감이 불안감을 줄이고 대화를 자연스럽게 이끌어가는 데 도움이 된다. 여러분도 연습만 충분히 한다면 두려운 마음을 속이고 자신감을 끌어올릴 수 있다.

나도 관중이 많이 모인 자리에서 강연할 때는 매우 예민해지고 긴장이 된다. 이런 상황에 곧잘 써먹는 나만의 방법을 하나 소개한다. 나는 강연장에 도착하면 곧장 무대로 올라가지 않는다. 대신 사람들과 악수하며 웃음을 지어보이고 나를 소개한다. 설령 앞으로 내가 무대에서 죽는다고 해도 최소한 이 자리에서 친구 몇 명은 사귀어서 다행이라는 농담도 한다. 이렇게 자신감 있는 태도를 유지하면 내 기분이 한결 나아질 뿐 아니라 관중도 그 분위기를 편하게 느낀다.

다른 모임에서도 이 방법을 얼마든지 적용할 수 있다. 새로운 모임에서는 누구나 긴장하기 마련이다. 하지만 활짝 웃는 얼굴로 자신감 있게 성큼성큼 걸어 들어가면 어느새 긴장이 사라진다. 거짓말 같은가? 이렇게 쉬운 데다 효과까지 좋다면 시도해보지 않을 이유가 없으니 꼭 직접 해보기를 바란다. 이런 태도는 물리적으로 불안감과 긴장을 다스리는 데 효과가 있다. 웃는 표정과 자신 있는 걸음걸이가 자율신경계에 괜찮다는 신호를 보내기 때문이다. 덤으로 이때 사람들이 보여주는 긍정적인 반응은 자신감을 더욱 북돋아준다.

자신감 기술을 모임에서만 적용할 필요는 없다. 모임 전날 밤 혹은 모임이 있는 날 운전 중에나 버스를 타고 이동할 때 마주치는 모든 이에게 자신감 있게 행동하자. 제대로 해낸다면 이 방법이 실제로 감정에 긍정적인 영향을 미친다는 사실을 깨달을 것이다. 더불어 다음 페이지에서 소개하는 연습을 부지런히 한다면 가짜 자신감이 머지않아 진짜 자신감으로 변할 것이다.

연습해보기

자신감 훈련

앞에서 우리는 마음속으로 누군가에게 남기고 싶은 이상적인 첫인상을 구체적으로 그려보는 연습을 했다. 그 방식을 그대로 적용해 지금까지 이 장에서 읽고 배운 내용을 토대로 이상적인 자기 모습을 구체적으로 떠올려보자. 여러분은 어떤 사람이 되고 싶은가? 이제껏 읽은 내용을 바탕으로 아래 소개하는 전략을 사용해보자.

- 자세
- 시선
- 악수
- 표정
- 음식을 대하는 태도
- 타인의 말에 대한 반응

이제 밖으로 나가 자신에게 맞는 속도로 편안하게 새로운 전략을 사용해보고 사람들의 반응을 잘 관찰해보자.

맺음말

좋은 첫인상을 남기는 기술은 매우 중요한 사회적 기술일 뿐 아니라 많은 사람에게 해방감을 안겨주는 기술이다. 좋은 첫인상을 위해 30분이나 되는 근사한 연설을 준비하거나 배우지 않아도 된다. 그저 누군가를 만나고 처음 몇 초 동안 벌어질 상황에 대비해 기본적인 전략과 기술을 잘 익히는 일이 전부다. 누군가에게 좋은 첫인상을 주고 나면 긴장이 풀리면서 몸과 마음이 편안해진다. 만일 상대방이 자신을 호의를 받아들여준다면 대화도 순탄하게 흘러갈 것이다.

가까운 사람들을 만나 스트레스가 적은 상황에서 좋은 첫인상을 남기는 기술을 연습하고 그다음에는 실제 모임에서 이 기술을 차근차근 적용해보자. 여기에 자신감이 더해진다면 상황은 훨씬 더 편안하게 흘러갈 것이다. 이제 마음에서 우러나온 진심을 담은 대화를 살펴보자. 다음 장에서는 좀 더 실제적으로 대화 자리에서 어떤 말을 해야 할지 살펴보도록 하겠다.

어색해서 무슨 말을 해야 할지 모르겠어요

"대화의 기술은 남의 말을 듣는 기술이자
내 말을 듣게 하는 기술이다."

• 윌리엄 해즐릿, 수필집 중

이제 우리는 대화의 핵심에 도달했다. 어떤 말을 할 것인가? 이 장은 대화의 실전 편이다. 처음 자신을 소개하는 법부터 대화를 마치고 자리를 떠날 때 우아하고 정중하게 인사하는 법에 이르기까지 좋은 대화의 메커니즘을 꼼꼼히 살펴볼 것이다.

이 장에서는 적절한 대화의 형식과 구조를 배우게 된다. 잡담만 잔뜩 쏟아내며 말을 늘리는 것이 능사는 아니다. 무슨 말을 해야 할지 몰라 대화가 무서웠던 사람들에게는 희소식이 아닐 수 없다. 대화는 요리법을 보면서 요리하는 과정과 비슷하다. 이 장에서는 대화에서 일어나는 모든 상황을 처음부터 끝까지 하나하나 짚어보도록 하겠다. 자, 그럼 먼저 자기소개부터 시작해보자.

자기소개

자기소개는 대화를 시작할 때 어색한 분위기를 풀어주는 아주 중요한 요소다. 자기소개를 잘하면 부드럽게 다음 화제로 옮겨갈 수 있고 상대방도 편한 분위기에서 대화를 이어가게 된다. 보통 자기소개는 단순한 형식으로 구성된다. 다음을 살펴보자.

- 먼저 "안녕하세요"라고 인사한 뒤 "제 이름은 OOO 입니다"라고 말하며 자신이 누구인지 밝힌다. 악수해도 괜찮은 자리라면 손을 뻗어 악수를 청한다(악수하는 법은 4장을 참조하라).

- 잠시 말과 행동을 멈추고 인사를 받은 상대의 반응

을 기다린다. 상대가 이름을 소개하면 상대의 이름을 부르며 확인한다.

□ 서로 이름 소개가 끝나고 상황이 편안하다면 "만나서 반갑습니다" 혹은 "우리 집에 오신 걸 환영합니다" 같은 인사말을 덧붙인다.

□ 인사말을 건넨 후 자신이 하는 일이나 모임에 참석한 이유 등을 짤막하게 덧붙인다.

위 내용을 대화에 적용한 사례다.

"안녕하세요, 스티브라고 합니다."
"안녕하세요, 스티브. 저는 지나입니다. 암을 극복한 사람들을 위한 비영리단체에서 일하고 있습니다."
"만나서 반갑습니다, 지나. 정말 대단한 일을 하시네요. 존경합니다. 저는 법률회사에서 일하는 변호사입니다."

필요한 모든 인사는 다 나눴다. 단 몇 초 만에 새로운 사람을 환영하고 우호적인 대화 분위기를 조성했다. 다음은 조금 더 제대로 자신을 소개하는 데 도움이 되는 몇 가지 제안이다.

- □ 누구를 만나든 처음 몇 초가 중요하다. 몇 초 동안 나눌 긍정적이고 적극적인 인사를 연습해보자. 지금껏 배운 몸짓언어와 시선 처리법, 악수 예절, 자신감 있게 말하는 법 등을 떠올리며 연습에 적용해보자.

- □ 상대와 유대감을 돈독히 하려면 상대의 이름을 최대한 많이 불러주는 것이 좋다.

- □ 상대가 밝힌 이름을 정확히 불러주어야 한다. 로버트라고 이름을 밝혔다면 그 사람의 이름은 밥이 아니라 로버트다. 자신을 존스 박사라고 소개했다면 존스 박사라고 불러주어야 한다.

연습해보기

자신에게 자기소개하기

아래 정보를 담고 있는 15초짜리 자기소개를 준비해보자.

☞ 이름
☞ 직업이나 모임에서 맡은 일
☞ 국적이나 고향 등 새로 만난 사람과 공유할 수 있는 정보

거울을 보고 혼자 해도 좋고 가족 앞에서 연습해도 좋다. 위 정보를 담고 있는 짧은 인사말이 자연스럽고 편안하게 느껴질 때까지 반복해서 연습하라. 충분히 연습했다면 머릿속에 주머니를 하나 만들어 잘 넣어두고 미래에 열릴 새로운 모임이나 행사 자리에서 꺼내 사용하자.

다른 사람을 소개하는 법

소개에는 자기소개만 있는 것이 아니다. 대화를 하다가 다른 사람을 소개하는 방법 역시 반드시 익혀두어야 할 중요한 기술이다. 모임에 누군가를 동반해 참석했거나 지금 대화하고 있는 사람에게 다른 누군가를 소개해야 할 때 이런 상황이 발생한다.

이 경우에도 형식은 비슷하다. 대화하고 있는 상대의 이름을 먼저 부르고, 소개하려는 사람의 이름을 불러준다. 상황이 적절하다면 소개하려는 사람에 관해 짤막한 정보를 덧붙여도 좋다. 예를 들면 이런 식이다. “여기는 제 후배 존입니다. 지금 마케팅 부서에서 일하고 있어요.” 그러고는 잠시 말을 멈추고 두 사람이 서로 인사를 할 때까지 기다린다.

소개를 모두 마쳤으면 소개한 사람에 관해 긍정적인 이야기를 해주는 것이 좋다. “워싱턴 박사와 저는 10년 가까이 함께 일하고 있습니다. 박사님은 고분자 물질 분야에서 독보적인 과학자입니다.” 두 사람의 우정에 관해 이야기해도 좋고 편한 분위기라면 예의를 벗어나지 않는

선에서 가벼운 유머를 곁들여도 좋다. "박사님 골프 실력에 비하면 저는 아무것도 아니에요." 이렇게 소개 인사를 마치면 모두 함께 긍정적인 대화를 나눌 토대가 마련된다.

대화에 끼어드는 법

모임에서 두 사람이 이야기를 나누고 있다. 이 둘은 서로에게 시선을 고정한 채 대화에 몰두하고 있다. 만일 이 대화에 끼고 싶다면 어떻게 할까? 대화에 참여하고 있는 두 사람 중 한 사람만 아는 사람일 수도 있고, 두 사람 모두 아는 사람일 수도 있다. 둘 다 아직은 잘 모르지만 알고 싶은 사람일 수도 있다. 아니면 그들이 한창 이야기 중인 주제에 관심이 있어서 대화에 끼고 싶을 수도 있다. 이런 경우에 어떻게 해야 정중하게 대화에 낄 수 있을까?

여기에는 좋은 방법과 나쁜 방법이 있다. 나쁜 방법은 모두가 짐작하는 것처럼 마치 음식을 노리는 파리처럼 두 사람 주위를 호시탐탐 맴돌다가 둘 중 누군가와 눈이 마주친 순간 불쑥 끼어드는 것이다.

이 방식은 나쁜 인상을 주는 데 대단히 효과적이다.

그렇다면 좋은 방법은 무엇일까? 우아하게 대화에 동참해 계속 대화를 이어가기 위한 4단계를 소개한다.

① 대화 중인 사람들에게 가까이 다가가되 지나치게 바짝 다가서지 않는다. 당신이 그 대화에 관심이 있다는 사실을 눈치챌 수 있을 정도로만 적당한 거리를 유지한다. 두 사람의 영역을 침범할 정도로 가까이 다가가는 것은 금물이다. 그다음엔 긴장을 풀고 미소를 유지하면서 대화 중인 사람과 눈이 마주치면 가볍게 고개를 끄덕인다. 대화에 관심은 있지만 굳이 억지로 끼지는 않겠노라는 암묵적인 신호다.

② 사람들의 몸짓언어를 읽어라. 대화에 끼고 싶다고 모든 대화에 낄 수 있는 것은 아니다. 대화를 나누던 이들이 당신을 반갑게 맞아줄 수도 있지만 그렇지 않을 수도 있다. 둘은 20년 동안이나 만나지 못했다가 방금 만나 회포를 푸는 중일지도 모른다. 두 사람이 당신에게 어떤 반응을 보이는지 조용히 관찰해보자. 만약 그들의 몸짓언어가 "안녕하세요. 거기 계셨군요. 잠시 뒤 같이 대화해요"라는 신호를 보내고

있다면 끼어들기 좋은 시점이 올 때까지 기다린다. 하지만 그들이 배타적인 반응을 보인다면 지금 서로에게 매우 집중하고 있어 다른 사람의 방해를 받고 싶지 않다는 신호로 해석해야 한다.

③ 끼어들 시점을 살펴본다. 두 사람의 대화를 들으며 우아하게 끼어들 시점을 파악해야 한다. 이때 두 가지 신호를 보면 된다. 하나는 화제 삼던 이야기가 끝나 대화가 잠시 중단된 시점이고 또 다른 하나는 당신을 대화에 참여하게 하고 싶어 일부러 말을 멈춘 시점이다. 누군가의 말을 끊고 불쑥 끼어들거나 한창 이야기하고 있는 두 사람에게 바짝 다가서서는 안 된다. 일단 대화가 중단되고 당신에게 관심을 기울일 때까지 기다려야 한다. 어떤 신호도 감지되지 않는다면 지금 당장은 당신을 대화에 참여시키고 싶지 않다고 봐야 한다. 이때는 미소를 잃지 말고 고개를 가볍게 끄덕이고 자리를 이동한다.

④ 인간관계나 대화 주제에서 연결 고리를 찾으라. 대화에 참여하게 되었다면 대화의 흐름과 이어지고

사람들의 관심을 끌 만한 좋은 '후크hook'를 찾아보자.

□ 대화를 나누는 사람들이 모두 아는 사람이라면 인사를 건네며 자연스럽게 관계를 보여준다. 가령 이런 식으로 말이다. "여기서 만나니까 정말 반가워. 요즘 어떻게 지냈어?"

□ 두 사람 모두와 초면이지만 두 사람이 나누는 대화 주제에 관심이 있다면 화제와 관련된 말로 대화를 시작한다. "품질관리에 관해 말씀 나누시는 걸 들었습니다. 저도 모르게 두 분 말씀에 귀를 기울이게 되는군요. 품질관리는 요즘 제 가장 큰 관심사거든요." 대화의 흐름과 잘 어울리는 말에는 자신의 직업, 현장에서 겪은 공통 경험, 공통 분야 등이 포함되면 좋다. 이때 대화 중인 사람을 칭찬하면 효과가 커진다.

연결 고리를 찾았다면 아직 당신이 누구인지 모르는 사람들에게 자신을 소개한다. 그리고 대화에 자연스럽게 합류한다. 축하한다! 이제 당신은 좋은 인간관계를 시작했다.

연습해보기

대화에 끼어들기 위한 준비

많은 이들이 이미 진행되고 있는 대화에 끼어드는 것을 어려워한다. 특히 부끄러움을 많이 타거나 불안 증세가 있는 사람이라면 남의 대화에 끼기가 더욱 어렵다.
다른 사람의 대화에 조금 더 편하게 끼어들고 싶다면 편하게 말문을 열 수 있는 몇 가지 문장들을 생각해두자. 아래 소개하는 예를 참조하라.

- "X에 관해 말씀 중이시더군요. 저도 X에 정말 관심이 큽니다."
- "안녕하세요, 수잔이라고 합니다! 얼마 전 이 동네로 이사 왔어요. 함께 대화해도 괜찮을까요?"
- "배지를 보니 캔자스 출신이시군요. 이 지방에는 무슨 일로 오셨나요?"

대화에 무리 없이 어울리기 좋은 두세 마디 정도를 적어보자. 그 말이 자연스럽게 입에 밸 때까지 연습해보자. 그리고 다음에 끼고 싶은 대화 자리를 만났을 때 연습했던 말을 적용해보자.

공통 주제를 찾아보자

어떤 말을 해야 할지 모르겠는가? 당신의 책장이나 모임, 미디어를 주의 깊게 살펴보자. 더 많이 읽고, 더 많이 참여하고, 더 많이 볼수록 사람들을 만났을 때 할 말도 많아지는 법이다. 아는 것이 많으면 낯선 사람과 대화할 때도 공통 주제를 찾을 가능성이 커진다.

어느 곳에서든 정보를 얻을 때는 대화의 주제로 좋을 법한 내용을 기억해두라. 이런 지식이 직장생활이나 취미 활동, 사회생활에서 만나는 사람들에게 어떤 흥미를 끌어낼 수 있을지 생각해보라.

행사나 모임에서 재빨리 정보를 습득하는 것도 좋은 방법이다. 몇 년 전 중국의 한 대학에서 강의를 한 적이 있다. 아내와 나는 중국으로 가기 전 중국의 고사성어와 문화를 공부했다. 우리를 초빙한 주최 측은 이런 우리의 노력에 무척 고마워했다. 새로운 사람을 만날 때는 적은 노력이 큰 보상으로 돌아올 때도 더러 있다.

대화를 쉽게 풀어나가는 팁

대화를 더욱 매끄럽게 이어나갈 수 있는 팁을 소개한다.

▶ 상대에게 칭찬할 부분이 있는지 찾아보라. 퉁명스럽고 심드렁한 태도보다는 조금이라도 진정성 있게 칭찬할 때 대화에 능숙한 사람으로 보인다.

▶ 자기 모습을 솔직하게 드러내고 늘 친절한 태도를 유지하라. 조금 더 대담하고 확고한 어투를 사용하면 진정성과 신뢰감을 동시에 보여줄 수 있다.

▶ 누군가와의 대화가 두렵고 긴장된다면 "한 박자 천천히, 얼굴엔 미소를, 호흡은 깊게"라는 문장을 명심하라. 이것만 해도 다른 사람들이 보기에 한결 편안해 보인다.

대화를 독점하지 않는 방법

대화를 할 때 무슨 말을 어떻게 할지 몰라 잔뜩 긴장하는 사람이 있는가 하면 그런 불안 때문에 오히려 쉼 없이 말을 하는 사람도 있다. 자신감 있는 태도와 대화를 독식해 아무도 끼고 싶지 않게 만드는 태도는 엄연히 다르다. 대화에 참여한 이들이 골고루 이야기할 수 있는 몇 가지 방법을 소개한다.

□ 말을 하면서 상대방의 몸짓언어를 잘 살펴보라. 상대가 내 말이 끊기길 기다리고 있지는 않은가? 뭔가 말을 하고 싶어 하지는 않는가? 아니면 내 이야기에 흥미를 잃지는 않았는가? 상대의 반응을 살펴가며 말을 이을지 끊을지 판단하자.

□ 중간중간 말을 멈추고 다른 사람이 의견을 말할 시간을 주자. 말을 멈췄을 때 누군가 기다렸다는 듯 발언을 시작하면 예의 있게 발언권을 넘겨주고 그 사람의 이야기에 귀 기울이자.

□ 누군가 이야기를 마쳤을 때 그 사람의 이야기에 슬쩍 숟가락을 얹고 싶은 유혹을 물리쳐야 한다. 그 사람이 오롯이 영광을 누릴 기회를 주자. (다른 이야기가

용인되는 분위기라면 앞서 나온 주제와 관련된 이야기를 꺼내도 괜찮다.)

마지막으로, 가까운 친구나 가족 등 당신을 가장 잘 아는 사람들의 피드백을 들어보자. 그들이 당신에게 대화를 너무 독식한다는 식의 조언이나 충고를 하지는 않는가? 만약 그런 조언을 들었다면 많은 사람과 대화할 때 그 부분을 특히 염두에 두고 다른 이들도 골고루 말할 수 있도록 신경 써야 한다. 명심하라. 대화의 기술은 말 그대로 대화의 기술이지 강연의 기술이 아니다.

대화의 흐름이 끊기지 않게 하려면

대화에는 말하기뿐 아니라 듣기도 포함된다. 때에 따라서는 듣는 태도가 말하는 태도보다 중요하다. 특히 누군가를 처음 만난 자리라서 그 사람에 관한 정보가 전혀 없다면 더더욱 입보다 귀가 우선이다.

상대에게 '내가 당신의 말에 진심으로 귀 기울이고 있음'을 알려주는 경청은 대화의 분위기를 완전히 뒤바꿀 정도로 중요하다. 나는 이 기술이 이 책 전체에서 가장 중요한 기술이라고 믿어 의심치 않는다. 상대방으로 하여금 누군가 자신의 말을 진심으로 듣고 공감한다고 생각하게 해주는 방법을 안다면 누구보다 대화에 뛰어난 사람이 될 것이다. 다른 사람들도 여러분과 나누는 대화를 진심으로 즐거워하게 됨은 물론이다.

이 기술의 핵심은 '적극적 경청active listening'이다. 적극적 경청은 상담가나 간호사, 사람을 많이 대하는 전문직 종사자 등이 주로 사용하는 용어다. 적극적 경청의 원리와 효과는 다음과 같다. 어떤 사람과 대화할 때, 특히 개인적인 이야기를 할 때는 아래 소개하는 4단계 중 하나를 선택하라. 자신의 수준에 가장 잘 맞는다고 생각되는 단계를 고르면 된다. 그다음 적절한 단어를 고르고 상대가 어떤 말을 하든 자신감 있게 공감하며 반응하라.

① **바꿔 말하기.** 바꿔 말하기는 단순하고, 기계적이며, 활용하기 쉽다. 단순히 다른 사람이 한 말을 자신의 언어로 바꾸어 말하는 방법이기 때문이다. 예시를 살펴보자.

상대: 얼마 전 회사에서 부사장으로 승진했습니다.

나: 축하합니다. 정말 대단한 자리로 승진하셨네요.

상대: 제 딸이 아찔한 교통사고를 당했어요.

나: 저런, 따님이 끔찍한 일을 겪으셨군요.

상대: 아이 넷을 키우다 보면 정말 벅찰 때가 있어요.

나: 물론입니다. 네 아이라니 말만 들어도 무거운 책임감이 느껴지네요.

상대의 말을 앵무새처럼 되풀이하거나 반복해서는 안 된다. 상대의 말을 그대로 따라 하면 오히려 진정성이 없어 보인다. 바꿔 말하기는 상대의 생각을 자신의 언어로 치환해 다시 말해주는 방식이다. 상대방의 말을 인정하고 이해해주는 이 기본적인 방법에는 막강한 장점이 있다. 말을 하는 사람은 상대가 자신의 이야기를 경청하고 있고, 내용을 잘 이해하고 있으며, 믿고 말해도 좋은 상대라고 생각하게 된다. 따라서 이 방법을 잘 기억해두었다가 필요할 때 언제든 사용하면 상대와 신뢰를 쌓아가는 데 큰 도움을 얻을 수 있다.

② **감정 짚어주기.** 이 방법은 바꿔 말하기에서 크게 한 걸음 더 나아간다. 상대의 생각을 단순히 되받아치지 않고 상대의 감정에 반응하는 방법이기 때문이다. 상대의 마음속 문을 열고 들어가 생각이나 감정을 들여다보는 건 불가능하다. 따라서 그 사람의 말이나 어조, 몸짓언어 등을 토대로 최선의 판단을 내릴 수밖에 없다. 그렇다고 너무 걱정할 필요는 없다. 가벼운 대화에서는 상대의 감정을 어렵지 않게 추측할 수 있다. 몇 가지 예시를 살펴보자.

상대: 운전면허증을 갱신하느라 하루를 다 보냈어요.
나: 정말 답답하셨겠네요.

상대: 아들이 지난주에 대학을 졸업했답니다.
나: 아드님이 정말 자랑스러우시겠어요.

상대: 정말 지긋지긋한 직장 동료가 있어요.
나: 목소리에서 깊은 고충이 느껴지네요.

이 기술을 사용할 때 한 가지 주의할 점은 모두가 자신의 감정을 공개적으로 드러내지는 않는다는 사실이다. 남들보다 감정을 덜 드러내는 사람도 있다. 그러니 직감을 적절히 활용해야 한다. 상대와 이미 좋은 관계를 맺고 있다면 그리 어렵지는 않을 것이다. 간단하지만 효과적인 이 방법으로 자신이 경청하고 있다는 느낌을 잘 전달할 수 있다.

③ **타당성.** 자신이 상대의 감정에 공감할 뿐 아니라 상대의 감정이 타당하다는 확신을 주는 방법이다. 이 방법을 타당성이라고 부르는 것도 이런 이유에서다. 이 방법을 활용하려면 화자의 감정과 다른 사람들의 감정을 비교하는 능력이 필요하다. 예시를 살펴보자.

상대: 치과 진료를 예약했는데 많이 걱정되네요.
나: 그러시겠어요. 누구나 치과 치료를 앞두면 긴장하지요.

상대: 최근 들어 직장 상사가 제게 업무를 너무 많이 맡기네요.

나: 정말 괴로우시겠어요. 과중한 업무를 누가 좋아하겠어요.

상대: 주말 야구 시합이 정말 기대돼요!
나: 야구가 있는 일요일 오후는 정말 최고지요.

타당성은 상대가 그런 감정을 느끼는 것이 옳다고 말해준다는 점에서 관찰보다 훨씬 강력한 기술일 뿐 아니라 상대의 감정을 직접적으로 언급하지 않는다는 면에서 안전한 방법이다. 많은 사람이 상대와 비슷한 감정을 느낀다고 말하기 때문에 상대방을 인정해주는 강력한 효과가 있다.

④ **동일시.** 가장 높은 수준의 인정은 자신의 감정을 상대의 감정과 동일선상에 놓는 것이다. 이 과정에서 상대의 의견에 반드시 동의해야 할 필요는 없다. 그보다는 상대의 감정과 자신의 감정을 어떻게 연결지을지를 생각해야 한다. 몇몇 사례를 살펴보자.

상대: 차 수리를 맡겼는데 일주일을 더 기다리라네요.

번번이 이런 식이에요.

나: 제가 그런 상황이라면 정말 화날 것 같아요.

상대: 직장에서 일어나는 이런 갈등은 정말 짜증나요.

나: 저도 그래요. 직장 내 갈등에는 저도 무척 예민해지더라고요.

상대: 이번 휴가 때 멀리 여행을 가기로 했어요. 정말 기대돼요.

나: 정말 멋지네요! 제가 다 설레요.

위에서 소개한 4가지 단계는 상대를 이해하고 인정하기 위한 전략으로 적극적 경청의 기본 토대다. 이 방법을 잘 익혀두면 누구와도 능숙하게 대화할 수 있다. 수줍음이 많거나 내향적인 사람이라면 상대를 인정하고 이해해주는 방식이 논쟁이나 토론에서 느끼는 부담감을 상대에게 넘기는 강력한 도구가 되기도 한다. 이 방법을 연습하면 누구를 만나 무슨 이야기를 하더라도 자신감 있게 대응할 수 있다.

연습해보기

4단계 경청

상대가 자신에게 할 법한 말을 떠올려보라 어떤 말이든 상관없다. 그 말을 중심으로 앞서 이야기한 4가지 기술을 활용해 대답하는 연습을 해보자. 아래 예를 참고하자.

상대의 말: 이웃집 아이들 때문에 정말 미치겠어!

바꿔 말하기: 이웃 아이들이 골칫덩어리인가 보네요.
감정 짚어주기: 정말 괴로우시겠어요!
타당성: 성가신 아이들을 대하는 일은 누구라도 괴로울 거예요.
동일시: 저도 제 일상의 평화와 고요를 방해받는 건 딱 질색이에요.

질문하기

좋은 질문은 대부분 대화에서 훌륭한 다리 역할을 한다. 질문은 상대방을 향한 관심을 드러내고, 이야기할 주제를 제시하며, 대화에서 새로운 정보를 얻고 배울 수 있게 해준다.

대체로 좋은 질문은 기자들이 사용하는 육하원칙 즉, 누가, 무엇을, 언제, 어디서, 어떻게 등의 범주로 만든다. (여기서 "왜"는 제외된다.) 질문은 어색한 분위기를 깨고 대화를 시작할 때, 상대의 말을 받아 대화를 이어갈 때, 새로운 화제로 전환할 때 활용할 수 있다. 다음은 몇 가지 질문 사례다.

□ 어색한 분위기를 깨는 질문

"안녕하세요. 이번 콘퍼런스에서 발표하신다고 들었습니다. 발표 주제가 뭔가요?"

"이 모임 주최자와는 어떻게 아시는 사이인가요?"

□ 상대의 말을 받아 대화를 이어가기 위한 질문

"정말 굉장하네요! 어떻게 그런 성과를 내셨나요?"
"소감이 어떠세요?"

□ 새로운 화제로 전환할 때
"식물에 관심이 많으시던데 이 지역에서는 식물을 심기 좋은 시기가 언제인가요?"
"소설 좋아하세요?"

질문은 대화를 이어가는 훌륭한 수단이며 특히 화젯거리를 생각하느라 머리가 깨질 것 같을 때 더없이 요긴한 방식이다. 무엇보다도 좋은 질문은 상대방을 특별하게 만들어주고 그에게 중요한 이야기를 꺼낼 기회를 주기도 한다.

질문할 타이밍과 방법

아무리 좋은 질문도 과유불급이다. 지나치게 질문 공세를 퍼부으면 훈훈했던 대화 분위기가 취조 분위기로 바뀌기 십상이다. 누군가를 알아가고 그 사람에게 관심을 보이는 것도 좋지만 상대가 질문 폭격을 당한다고 느끼면 곤란하다. 우리의 목적은 상대가 답할 수 있는 좋은 질문을 던짐으로써 대화를 한층 좋은 방향으로 이끄는 일이다.

나는 사람들에게 질문하는 법을 가르칠 때 간단한 규칙을 하나 알려준다. 이른바 '3:1 규칙'이다. 누군가에게 세 번 질문을 했다면 일단 그쯤에서 질문을 멈추고 자신의 이야기를 해야 한다는 원칙이다. 이때 상대방이 역으로 질문을 해올 수도 있다.

3:1 규칙은 수줍음이 많거나 내향적인 사람들에게 언제 질문을 하고 언제 자신의 이야기를 해야 할지를 알려주기 위한 대략적인 지침이다. 따라서 개인의 성향에 맞게 질문과 자기 이야기의 비율을 조정해서 사용해도 무방하다. 5:1 규칙이 편한 사람도 있고 2:1 규칙이 편한 사람도 있다. 자신의 직감을 따르고 상대의 반응을 세심히 살피면서 서로 주고받는 대화가 되도록 이 규칙을 적용하면 된다.

질문의 빈도뿐 아니라 어떤 질문을 할지도 신중하게 생각해야 한다. 질문을 만들기 어렵다면 아래 조언을 참고해보자.

□ 좋은 질문은 '왜'로 시작하지 않는다. (왜 은퇴하려고 하세요? 왜 그렇게 하셨어요? 등) '왜'라는 질문은 종종 상대를 곤경에 빠트린다.

□ 개인적으로 민감할 수 있는 부분이나 부적절한 내용은 피한다.

□ 가장 좋은 질문은 상대가 자신의 장점, 좋은 일을 이야기하도록 유도하는 질문이다. 따라서 상대가 자부심을 느끼는 분야나 중요하게 여기는 부분에 관한 질문이 좋다.

일반적으로 대화를 이끌어가는 데 질문만큼 좋은 전략은 없다. 모임이나 대화에 앞서 질문할 주제를 미리 생각해두면 뜻하지 않은 대화 자리가 생겼을 때 큰 도움이 된다. 시간을 가지고 연습하다 보면 자신에게 잘 맞는 질문, 좋은 질문이 더 많이 떠오를 것이다. 누군가와 대화를 앞두고 있다면, 무슨 말을 해야 할까 고민이라면 그 사람에게 할 만한 질문부터 생각해보자.

의견이 다른 사람을 어떻게 대해야 할까?

사람들을 만나 대화하다 보면 가끔 의견이나 생각이 맞지 않는 사람도 있다. 이런 상황에는 어떻게 대처해야 할까?

이럴 때 회피 전략을 쓰는 사람이 많다. 이들은 상대의 의견에 적당히 동의하는 척하며 최대한 말을 아끼거나 기회를 보다가 그 자리를 피한다. 어떤 사람은 자신의 의견을 피력하며 상대의 주장에 맞서기도 한다. 하지만 관계의 측면에서 이 방식은 거의 효과가 없다.

나는 자신의 의견을 솔직히 말하면서도 상대와 진솔하고 진정성 있게 대화를 이어가는 방법도 있다고 생각한다. 상대가 생각하는 방향도 타당하다고 먼저 인정한 후 자신의 관점을 언급하는 방법이다. 예를 들어보자. "당신은 아마도 X를 믿겠지요? 충분히 이해합니다. 당신의 견해에 충분히 합리적인 지점이 있다고 생각합니다. 사실 저는 Y를 믿는 쪽입니다. 저 역시 제 나름의 이유가 있습니다 … 하지만 당신의 관점도 진심으로 존중합니다."

나는 이 방법으로 내 의견에 격렬하게 반대하던 사람들과 진솔한 대화를 많이 나누었다. 만약 소통의 기술에도 노벨상이 있다면 그 상은 자신의 의견에 반대하는 사람을 인정하는 법을 발견한 사람에게 돌아갈 것이다.

계획이 통하지 않는 대화를 위한 전략

많은 사람이 대화를 무서워하는 이유는 이야기가 안 좋은 주제로 빠지거나, 어색한 침묵에 빠지거나, 대화가 불편하게 마무리될지도 모른다는 걱정 때문이다. 사실 조금만 대비만 한다면 얼마든지 이런 상황도 당신이 원하는 대로 이끌어갈 수 있다. 지금부터 소개하는 몇 가지 전략을 염두에 두자.

□ **이야기가 안 좋은 주제로 빠질 때.** 당신은 무심결에 한 말인데 상대가 강력하게 반대 의견을 펼칠 때가 있다. 상대방이 사회적 이슈 또는 정치 문제에 과도하게 몰입해 흥분할 때도 있다. 이럴 땐 어떻게 하면 좋을까?

이 상황에서 가장 좋은 전략은 상대의 의견을 있는 그대로 인정하는 방법이다. 그 사람이 아무리 잘못된 말을 하는 듯 보이더라도 반박하지 말고 상대의 의견을 인정한 뒤 다시 원래 주제로 이야기를 끌어와야 한다. 부끄러움을 많이 타는 사람의 경우 미묘

한 몸짓언어나 무반응이 오히려 상대를 대화의 궤도에서 더 멀리 벗어나게 만들기도 한다. 일단 상대에게 왜 그런 말을 하게 되었는지 이해한다는 점을 분명하게 표현하고 좋은 구실을 만들어 그 주제에서 벗어나야 한다.

□ **어색한 침묵에 빠질 때.** 대화의 흐름이 끊기고 정적이 감돌 때 가장 필요한 전략은 미소와 느긋한 태도다. 긴 침묵을 즐기는 여유를 가지라. 대화를 이어가는 것은 당신의 책임이기도 하지만 상대의 책임이기도 하다. 대화가 끊기고 자연스럽게 소강상태에 접어들었다면 조급해하지 말고 다음 주제가 자연스럽게 나올 때까지 쉼을 가져라.

□ **대화가 불편하게 끝났을 때.** 당신이 한 말 때문에 누군가 불쾌한 감정을 느낄 수도 있다. 가령, 당신의 신념과 상대의 신념이 충돌할 수도 있고, 대화 상대가 당신의 친구를 아주 싫어할 수도 있다. 이럴 땐 어떤 해결책이 있을까?
상황을 '수습하려' 들지 말라. 어쩔 수 없다. 상황을 억지로 수습하려 노력하기보다는 최대한 정중한 태도와 상대에 대한 존중을 보여주라. 누군가에게 상처를 주었다면 사과하라. 상황이 차분히 가라앉고 당신의 그 정중한 태도가 받아들여지길 바라는 것 외에 다른 방법은 없다.

대화의 흐름을 조율하는 몇 가지 팁

대화가 점점 산으로 갈 때 하고 싶은 말을 할 수 있는 분위기로 재빨리 흐름을 바꾸는 방법이 있다.

- 연결 고리를 찾으라. 다른 사람이 하는 말과 자신이 말하고 싶은 주제 사이의 연결 고리를 찾아 두 대화를 잇는 장치로 활용하라. 예를 들면 이렇다. "맞아요. 그 정치인 정말 짜증나죠. 아시다시피 저도 사람들이 공적인 자리에서 어떻게 말하는지에 관심이 많거든요. 제가 본 어떤 연설은…."

- 의도를 정확히 밝혀라. 대화 주제를 바꾸고 싶다는 의도를 표현하라. 예를 들어 이렇게 말해보라. "좋은 지적입니다. 괜찮으시다면 주제를 바꿔 다른 의견도 듣고 싶군요."

▶ 잠시 쉬라. 계속 대화하고 싶은데 지금 오가는 주제로는 별로 말을 하고 싶지 않다면 가벼운 음식을 먹으면서 대화 주제와 분위기가 새롭게 환기되기를 기다리라.

대화에서 우아하게 도망치는 법

많은 사람이 즐겁지 않은 대화 자리를 벗어나고 싶어 하면서도 막상 떠나기를 주저한다. 이번에는 재치 있게 대화 자리를 뜰 수 있는 전략을 소개한다.

특히 누군가 대화를 독점해 지나치게 말을 많이 할 때 내가 가장 즐겨 사용하는 전략은 이른바 '인정하며 끝내기'다. 방법은 이렇다. 일단 상대의 말을 들어준다. 그러다 상대가 마지막 말을 마쳤을 때 적극적으로 그 사람의 발언을 인정해주라. 그다음 자신의 차례가 되었을 때 이 대화를 나누게 되어 얼마나 좋았는지 이야기하고, 실례하겠다고 말한 뒤 자리를 뜨면 된다. 이런 식으로 말이다. "그 점에 있어서는 정말 당신 말에 동의합니다. 이 문제를 함께 이야기할 수 있어서 무척 즐거웠습니다. 그럼 저는 행사가 시작되기 전에 제 자리로 가 봐야겠습니다. 좋은 대화 감사합니다. 좋은 저녁 보내시길 바랍니다."

나는 개인적으로 이런 방법을 매우 자주 사용했고 실제로 이렇게 말했을 때 대부분 상대도 만족스럽게 대화를 끝냈다. 왜 그럴까? 사람들은 안절부절못하거나, 우물쭈물하거나, 말을 거의 하지 않는 사람을 보면 저 사람이 대화를 그만하고 싶어 한다고 생각한다. 하지만 적극적으로 자신의 의견에 공감해주는 태도는 대화를 끝내고 싶어 하는 사람의 모습과는 전혀 다르며 대화 자리를 떠나도 우아하게 퇴장했다는 느낌을 준다. 우아한 퇴장을 위한 몇 가지 팁을 더 소개한다.

□ 미소가 동반된 알맞은 구실은 대단히 효과적이다. 다른 누군가와 인사를 해야 한다거나 개인적 용무를 봐야 한다거나 이만 돌아가야 할 시간이라는 말 모두 효과적이다. 친절하지만 단호하게 말한 뒤 그 자리를 떠나라.

□ 사람들은 마지막 말을 기억한다. 따라서 대화에서 마지막으로 남기는 말은 긍정적이어야 한다. 거짓말을 할 필요는 없다. 정말 멋진 대화였다고 말하지 않아

도 된다. 그저 감사의 인사와 함께 좋은 시간 보내길 바란다는 말이면 충분하다.

- □ 제시한 전략이 통하지 않는다면 가끔은 화장실 핑계도 괜찮다!

연습해보기

최악의 시나리오

실제 생활에서 불편한 대화를 나누어야 하는 자리는 정말 무섭다. 하지만 상상이라는 안전한 영역에서는 그런 자리도 재미있을 수 있다. 자신에게 닥칠 수 있는 최악의 상황을 상상해보자. 잘 떠오르지 않는다면 아래 예시를 참고해보자.

- 누군가 도무지 말을 멈추지 않는다.
- 상대가 정치 이야기에 핏대를 올리고 있다. 게다가 그의 의견은 당신의 정치적 견해와 정반대 지점에 있다.
- 대화하는 상대가 자신의 사생활에 관해 지나치게 많은 정보를 이야기한다.

최악의 상황을 상상해보자. 그리고 이 장에서 배운 방법 가운데 최악의 상황에 적용할 만한 전략을 몇 가지 적어보자.

맺음말

이 장에서 소개한 전략은 단순히 말 잘하는 법 그 이상이다. 행동과학 이론을 통해 입증된 대화 전략이며 현실에서 무리 없이 적용할 수 있는 방법들이다. 효과는 말할 것도 없다. 이 방법을 대화에 적용하면 훨씬 더 안정되고 자신감 있는 태도로 모임에 참여할 수 있을 것이다.

좋은 대화는 기술이다. 불안의 해독제는 오로지 배움과 연습뿐이다. 자신감을 키우고 싶다면 이 장을 자주 읽어보며 여기에서 소개한 전략을 꾸준히 연습하자. 다음 장에서는 특정 상황에 적용할 수 있는 구체적인 방법을 소개한다.

업무 미팅부터 소개팅까지 특별한 날의 대화법

“아무 말도 안 하고 아무것도 모르는 사람이랑 같이 있다면 누군가와 함께 있는 게 아니지.”

• 에밀리 브론테, 『폭풍의 언덕』 중에서

이 장에서는 업무와 관련된 모임, 인맥을 쌓는 모임, 특별한 행사, 데이트 등 다양한 상황에서 대화를 순조롭게 풀어가는 구체적인 방법을 살펴볼 것이다.

위에서 언급한 상황에서 사용되는 전략은 비슷하면서도 미묘하게 다르다. 일단, 업무상 점심을 함께하는 사람들과 첫 데이트에서 만난 상대와는 유대감을 쌓는 목적이 다르다. 대화 상대와 목적에 따라 저마다 다른 대화를 기대하기 마련이다. 만나는 사람이 처한 상황과 배경이 대화에 미치는 영향도 확연히 다르다. 그러니 각 상황별로 적절한 대화법을 익히는 일은 매우 중요하다.

대화마다 목적과 상황이 조금씩 다르지만 모든 대화에 보편적으로 적용되는 원칙이 몇 가지 있다.

□ 따뜻한 인사
□ 긍정적 태도
□ 다른 사람의 말을 귀 기울여 듣고 인정하는 태도
□ 좋은 질문과 자신의 이야기를 적절하게 섞어 대화하는 태도
□ 적절한 시점에 대화 자리에서 빠져나오는 태도

앞서 설명한 방법은 대화를 더욱 즐겁고, 생산적이고, 부드럽게 흘러가도록 도와준다. 하지만 이런 방법만으로는 충분하지 않다. 특정 상황에서 어떤 방법이 가장 효과적인지를 파악해두면 편하고 즐거운 대화에 한 걸음 더 다가설 수 있다. 그럼 더 구체적으로 살펴보자.

업무 대화

모든 업무적인 대화도 궁극적으로는 인간관계를 목적으로 하며, 그 과정에서 필연적으로 가벼운 대화가 포함된다. 업무 대화에는 면접, 회의, 업계 행사, 거래처와의 모임, 직장에서의 일상적인 대화 등이 모두 포함된다. 업무상 주고받는 대화는 아래와 같은 점에서 다른 대화와 차별화된다.

□ 개인이 아니라 맡은 직책을 대표하는 역할로 대화에 참여하게 된다. 신입사원으로, 제품을 알리고 판매하는 영업사원으로, 회사의 대표 자격으로 대화에 임하는 경우도 많다.

□ 업무와 관련된 이야기를 하지 않더라도 업계 모임에서는 늘 회사를 대변하는 입장이어야 한다.

□ 업무와 관련된 사람 혹은 업무 관련해 함께하고 싶은 사람들과 관계를 맺는다.

업무상 오가는 대화에서는 단순한 잡담보다 훨씬 더 많은 목적을 이룰 수 있다. 누군가는 이런 대화에서 업무 능력, 대인관계 기술, 전문 분야에 관한 지식 등을 토대로 자신만의 '브랜드'를 구축한다. 미래에 생길지도 모르는 새로운 기회에 대비해 자신을 브랜딩하는 전략이다.

물론 일터에서의 만남은 단순한 업무 이상의 의미를 지닌다. 회사에서 맺은 관계가 훗날 커리어에 중요한 동료 관계로 발전하는 경우도 많다.

다른 사람의 진짜 생각을 읽는 법

3장에서도 이야기했듯 아주 가까운 사람이 아니라면 정치는 대화에서 꺼내기 좋은 주제가 아니다. 하지만 불가피하게 정치 이야기를 해야 할 때도 있다.

내 막냇동생은 영업과 마케팅 분야에서 꽤 성공했다. 동생이 처음 경력을 쌓기 시작할 때였다. 하루는 동생을 찾아갔는데 책상 위에 잡지 두 개가 있었다. 하나는 동생의 정치관과 가까운 종류의 잡지였고 다른 하나는 동생의 정치 신념과 정반대 성향을 가진 잡지였다.

어리둥절해진 내가 동생에게 왜 극과 극인 성향의 잡지를 구독하느냐고 묻자 동생은 비즈니스를 하다 보면 정치 신념을 강하게 드러내는 고객을 자주 만난다고 했다. 동생은 고객이 어떤 정치 신념을 가지고 있건 간에 "당신이 왜 그런 정치적 입장을 가지게 되었는지 정확히 이해합니다"라고 말할 수 있는 능력을 갖추고 싶다고 했다. 그래서 양쪽의 정치적 입장을 모두 공부하기로 한 것이다. 이런 동생의 노력은 큰 효과가 있었고 실리콘밸리에 있는 탄탄한 기업에서 마케팅 부사장 자리까지 오르게 하는 원동력이 되었다.

업계 모임에서 새로운 동료를 만날 때, 직장에서 업무와 관련된 손님을 맞을 때, 잠재적인 고객과 친분을 쌓아갈 때 주고받는 대화에 꼭 필요한 몇몇 전략이 있다. 이런 상황에 필요한 몇 가지 전략을 살펴보자.

맡은 일에 충실하라

이런 만남이 여느 사적인 모임과 구분되는 한 가지 뚜렷한 특징이 있다. 자리에 모인 사람들이 대체로 자신의 전문 분야에 관한 이야기를 주고받는다는 점이다. 이야기가 일과 전혀 상관없는 내용이라 해도 사람들은 자신을 현재 하는 일의 관점에서 소개한다. 이 말은 사소한 지식이라도 다른 사람과 관계를 맺는 데 큰 도움이 된다는 것을 의미한다. 모임에 앞서 당신과 그 자리에서 만나게 될 사람들이 속한 분야를 더 많이 공부할수록 더 깊고 풍성한 대화를 나누게 될 것이다.

솔직해지라

당연한 말이지만 전문 지식이 없는데 아는 척하지 않도록 조심해야 한다. 누군가의 일을 잘못 넘겨짚거나 전혀 엉뚱한 내용을 토대로 짐짓 아는 척하며 설레발치지 말자. 알지 못하는 것은 알지 못한다고, 대화를 통해 알고 싶다고 솔직하게 말해도 아무 문제없다. 하지만 상대의 전문 분야를 더 잘 알수록 더 많이 칭찬할 수 있고 더 두터운 친분을 쌓을 수 있다.

문화를 이해하라

겉으로 드러나지는 않지만 각 회사나 업계마다 고유한 문화가 존재한다. 예컨대, 매우 역동적이고 성과 위주로 돌아가는 기업이나 업계가 있는가 하면 사람과 서비스에 더욱 집중하는 업계도 있다. 업계의 특성이나 고유한 문화를 잘 알고 있다면 그 모임에 참석한 다른 사람과 말이 더 잘 통하는 걸 느낄 수 있을 것이다.

그렇다고 자신의 솔직한 이야기를 전혀 드러내면 안 된다는 말은 아니다. 공감대를 깊이 형성한 동료와 대화할 때 자녀의 정신적 문제를 이야기할 수도 있고 비영리 단체 홍보 자리에서 좋아하는 스포츠 팀 이야기를 할 수도 있다. 때에 따라서는 이런 이야기도 매우 적절하다. 어떤 모임이든 사람이 우선이고 인맥 등의 목적은 그다음이다. 좋은 대화에는 자신의 솔직한 이야기를 타인과 나누는 것도 포함된다. 대화 상대를 섬세히 관찰하고 모임의 흐름만 잘 파악한다면 개인적인 이야기를 나누는 것도 괜찮다.

면접관과의 대화

내가 강연 시간에 가끔 하는 농담이 있다. 인사 담당자는 면접자에게서 두 가지만 잘 파악하면 되는데 하나는 면접자가 그 일을 잘할 수 있는지, 다른 하나는 면접자가 빌런은 아닌지를 잘 파악하라는 농담이다. (후자는 회사에서 사건 사고를 일으키고 다른 사람과 잘 어울리지 못하는 직원을 빗대는 은유다.)

이력서와 면접관의 질문에 대한 답변이 구직자의 직무적 능력과 기술을 파악하는 데 도움이 된다면 대화는 직장 내 다른 사람과 얼마나 잘 어울릴 수 있는지를 알아보는 유일한 방법이다. 면접에서는 이 사실을 늘 염두에 두고 지극히 가벼운 대화에서도 당신의 역량을 충분히 발휘해야 한다.

예를 들어 면접 자리에서 사람을 대하는 일이 얼마나 어려운지를 주제로 대화를 나눈다고 해보자. 면접관은 처음 만난 당신과 어색한 분위기를 깨기 위해 그 주제를 던졌을지도 모른다. 하지만 당신에게는 면접관의 고충을 얼마나 잘 이해하는지, 당신이라면 같은 상황에서 어떻게 대처할지, 평소 사람들을 대하며 알게 된 자신만의 노하우는 무엇인지 등을 이야기할 수 있는 기회가 생긴 셈이다. 면접관이 업계 현황을 이야기하든, 야구팀에 관해 이야기하든 그 사람과 공유할 수 있는 관점에서 대화를 풀어가야 한다.

마지막으로 너무 완벽해지려고 애쓰지 마라. 이 일을

하면서 수많은 면접을 봤는데 마음속으로 가장 먼저 선을 그은 사람은 모든 일을 완벽하게 해낼 수 있다고 주장한 이들이었다. 나는 그런 사람을 늘 경계해왔다. 그들이 거짓말을 하고 있다는 사실을 알았기 때문이다. 여러 사람과 일하다 보면 결코 완벽해질 수가 없다. 능력을 입증하는 자격증과 경력도 중요하지만 사람과 사람 사이 신뢰도 대단히 중요하다. 그러므로 경력을 망치는 이야기가 아니라면 자유롭게 도전하고 좌절하고 실수했던 경험을 이야기하라.

ABC를 기억하라

여기서 말하는 ABC는 초심이 아니라 늘 건설적이어야 한다는Always Be Constructive 의미다. 회사 동료는 사적인 친구가 아니다. 아무리 비공식적인 자리라도 회사에서 남의 소문을 내거나 쓸데없는 말을 늘어놓는 것은 적절하지 않다. 설령 상대가 미소를 지으며 고개를 끄덕인다 해도 그런 이야기는 자신의 평판을 깎아내린다.

생각보다 세상은 좁고 인간관계는 복잡하다. 당신이 오늘 흉을 본 그 사람이 내년에는 직속 상사가 될 수도 있다. 사적인 이야기나 진짜 관심사는 친한 친구를 위해 남겨두고 업무에 관련된 사람과는 건설적이고 긍정적인 이야기를 나누자.

연습해보기

나는 어떤 사람인가?

지금 구직을 위해 면접장에 들어왔다고 상상해보자. 간단하게 인사를 하고 자리에 앉았다. 면접관이 단순한 질문으로 면접을 시작한다. “자, 그럼 자기소개를 부탁드립니다.”
이때 무슨 말을 할 것인가? 자신에 관해 어떻게 말할지 생각해보라. 어떤 이야기를 얼마나 길게 할 것인가? 면접관에게 대답할 내용을 30~60초 분량으로 써보고 소리 내 연습해보자.

인맥을 쌓는 모임

인맥을 쌓는 모임과 친구들 모임 사이에는 중요한 차이점이 있다. 이 모임은 사람과 기회를 연결하는 데 초점을 둔다. 여기에서 나누는 대화는 새로운 직장에서 기회를 얻거나 계약을 따내는 것과 같은 목적과 관련이 있는 경우가 많다. 때로는 그저 당신과 특정한 부분에서 관련이 있는 이들과 개인적 친분을 쌓으려는 목적으로 이런 모임에 참석하는 경우도 있을 것이다.

인맥 모임에서 나누는 대화는 어떤 방식으로든 자신에게 도움이 되는 사람들을 알아가기 위한 대화다. 그렇기에 이 모임에서도 대화가 큰 역할을 한다. 이를 통해 당신이 어떤 사람인지 보여줄 수 있기 때문이다. 누군가 당신의 여러 모습 중 어떤 모습을 보느냐가 앞으로 생길 기회에 직접적인 영향을 미친다.

또한 인맥을 쌓는 모임은 앞으로 성장하기 위한 매우 좋은 기회다. 여기서 맺은 인간관계가 앞으로 더 많은 성공으로 이어지기 때문이다. 이는 모임에서 누군가와 나누는 대화가 생각보다 매우 중요한 역할을 한다는 의미다. 이런 모임에서 활용할 만한 전략을 몇 가지 살펴보자.

자신을 브랜딩하라

자신이 어떤 사람인지 짧은 시간 안에 알려야 한다. 그러려면 자신이 어떤 능력과 기술을 갖춘 사람인지, 함께 일하기에 어떤 사람인지를 모두 언급하면서 자신을 소개해야 한다.

나는 이 책에서 '엘리베이터 스피치elevator speech'라는 표현을 의도적으로 배제했다. 엘리베이터 스피치는 30초 안에 자신을 짧게 요약하는 화법이다. 엘리베이터 스피치를 서툴게 혹은 성급하게 하다 보면 득보다 실이 많은 경우도 종종 생긴다. 네트워킹 전문가 펠리시아 슬래터리Felicia Slattery는 저서 『엘리베이터 스피치 죽이기』*Kill the Elevator Speech*에서 이런 말을 했다. "자신을 강렬한 몇 단어로 요약해 설명하다 보면 정작 당신이 무슨 일을 하는지, 어떤 삶의 배경과 역사와 경험이 있으며 실제 어떤 사람인지는 평범하고 하찮게 들린다."

하지만 인맥을 쌓아가는 초기 단계에서는 자신을 핵심적인 몇 마디로 요약하는 방식에도 큰 장점이 있다. 여기에는 현재 어떤 기회를 찾고 있는지, 어떤 일을 좋아하며 어떤 일을 잘하는지, 장점을 입증할 만한 사례 한두 가지가 포함될 수 있다. 예를 들면 "제가 XYZ 회사에 있을 때 고객지원팀의 사기를 올렸던 방법은 이렇습니다"라고 말하면서 자신의 능력을 보여줄 수 있다.

자신이 어떤 일을 하는 사람인지 알려 협업이나 동업의 기회를 찾을 수도 있다. 이때는 말보다는 자신이 어떤 사람인지 직접 보여주는 것이 중요하다. ("저는 정말 열심히 일하는 사람입니다" 같은 말은 도움이 되지 않는다.) 편안하고 자신감 있게 상대에게 관심을 보이고 업무를 어떤 방식으로 처리하는지를 보여주면서 자신을 브랜딩해야 한다.

목표는 기회가 아니라 관계다

이 말이 역설적으로 들릴 수도 있다. 기회를 찾으려고 모임에 나왔는데 기회에 집중하면 안 된다고? 그렇다. 이 말은 전혀 역설적이지 않다. 앞서 언급했듯 전문가들은 기본적으로 이 모임에서 두 부류의 사람을 만난다. 직업이나 인맥을 찾기 위해 필사적으로 매달리는 사람과 그렇지 않은 사람이다.

설령 얼마 전 해고를 당했거나 실업 상태여서 기회가 간절한 상황이라 해도 지나치게 기회에만 매달리는 모습은 도움이 되지 않는다. 오히려 이 때문에 대화를 망칠 수도 있다. 그런 모습이 신뢰를 떨어뜨리는 이유는 두 가지다. 첫째, 지나치게 필사적인 모습을 본 사람들은 당신이 그 직업에 잘 맞는 사람인지 아닌지보다 왜 저렇게 필사적인지를 더 궁금해할 것이다. 둘째, 누구도 그렇게 보이고 싶어 하지는 않지만 이 모임의 특성상 무능하거나 직장생활에 문제가 있어 구직을 하는 사람들도 더러 있기 때문이다.

바로 이 지점이 관계를 맺기 위한 대화가 대단히 중요한 이유다. 당연히 자신을 브랜딩하고 기회가 있을 때 적절한 관심을 드러내야 하지만, 이 모임의 목적은 사람들을 알아가고 서로의 관심사를 나누고, 즐거운 시간을 보내는 것이라는 사실을 명심하라. 궁극적인 목표는 기회가 아니라 그 토대가 되는 인간관계다.

짧게 말하라

이 모임의 목표는 인맥이다. 즉, 그곳에서는 사람을 넓고 얕게 알아가야 한다. 한 자리에서 지나치게 긴 시간을 보내지 않도록 신경 쓰자.

많은 이들이 기회를 찾는 데 지나치게 몰두하느라 막상 그 기회를 놓친다. 상대의 몸짓언어를 세심히 살펴보라. 주의가 산만해지지는 않는지, 자꾸 시계를 보지는 않는지, 대화를 끝내려고 "함께 대화해서 즐거웠습니다" 같은 말을 사용하지는 않는지 주의 깊게 살펴보라. 더욱 중요한 것은 친절하고, 전문가답고, 간결한 태도로 모임에 참여하는 태도다.

연습해보기

자신을 어필하는 이야기

각자에게는 모두 자신의 장점과 개성을 잘 드러내주는 에피소드가 있다. 잘 생각이 나지 않는다면 아래 예시를 참고해보자.

☞ 세심하게 업무처리를 하는 성향 덕분에 고용주가 큰 실수를 저지를 뻔한 상황을 막을 수 있었다.
☞ 동료들 사이의 갈등을 원만히 해소해주는 편이다.
☞ 특정 프로젝트에 주도적으로 참여해 성공을 거두었다.
☞ 작년 판매 실적이 다른 사람보다 두 배나 높았다.

빈 종이를 펴고 자신이 어떤 사람인지, 어떤 능력을 가지고 있는지 잘 보여주는 이야기를 한번 적어보자.

가벼운 식사나 술자리

"같이 식사 한번 합시다." 식사 제안은 다른 사람들과 친분을 쌓기 위한 중요한 전략으로 종종 관계의 시작점이 되곤 한다. 하지만 동시에 많은 사람에게 두려움을 주는 말이기도 하다. 같이 밥을 먹자는 말은 그 시간 내내 상대와 계속 말을 해야 한다는 의미다. 직장 동료나 지인 혹은 아주 가깝지 않은 사람과 함께하는 가벼운 식사나 술자리에도 그 자리에 걸맞은 대화 전략이 필요하다.

함께 식사를 하거나 술을 마시는 것은 서로 더 가까워지고 유대감을 쌓으려는 오래된 방식이다. 물론 여기에서도 가장 중요한 건 대화다. 이런 자리에서는 어떻게 대처해야 할까?

누군가는 식사 자리에서 업무 이야기를 나누면서 새로운 기회를 찾고 그간의 경험을 공유한다. 반면 같은 자리에서 누군가는 단순히 상대와 친분을 쌓는 데 주력한다. 어떤 방식이든 상관없다. 가벼운 식사나 술자리에서 좋은 인상을 주면 돈독한 관계를 쌓을 수 있다. 여기에서 핵심적인 역할을 하는 것이 좋은 대화다. 식사 자리에서의 대화를 위한 몇 가지 전략을 알아보자.

다른 사람의 이야기에 관심을 두고 귀 기울이라

가벼운 식사나 술자리의 목적은 단순히 취미나 좋아하는 스포츠 이야기를 하는 것 그 이상이다. 이런 자리는 상대를 더 깊이 알아가는 기회가 된다. 적절한 주제로 대화를 시작하면 상대가 어떤 사람인지 더 많이 알 수 있다. 다음은 대화를 시작하는 좋은 말들이다.

"이 업계에는 어떻게 발을 들이게 되셨습니까?"
"당신의 경험을 더 듣고 싶습니다."
"여기에 오신 지 얼마나 되셨나요?"

상대에게 발언 기회를 주고 상대가 원하는 만큼 많이 혹은 적게 그들의 이야기를 하도록 두면 된다. 이런 방법은 그 자리에 있는 사람 모두가 각자의 경험이나 공통의 관심사를 이야기할 수 있도록 대화의 문을 열어준다는 점에서 매우 중요하다.

준비하라

부끄러움을 많이 타거나 대화 자체에 두려움이 있는 사람은 식사나 술자리에서 오랜 시간을 보내면 소위 '기가 빨린다'. 머릿속이 텅 비어 할 말이 떠오르지 않거나 어떻게든 다시 대화에 집중하려고 늘 애를 쓰게 된다.

이런 사태를 방지하려면 미리 대화 주제를 몇 가지 준비하자. 상대와 자신의 경력이나 관심사, 지역 관련 이슈, 트렌드 등 꺼낼 만한 주제를 미리 준비해두자. 다만, 여기에서도 정치나 종교 문제, 잘 알지 못하는 사람의 민감한 사생활 같은 주제는 피해야 한다.

마지막으로 대화가 어색하게 끊길까 봐 걱정하지 않아도 괜찮다. 드문드문 대화의 흐름이 끊기는 일은 지극히 정상이다.

가까운 친구 혹은 가족과 편하게 식사할 때 자세히 관찰해보라. 아마 대화가 쉬지 않고 이어지지는 않을 것이다. 대화 중에 찾아오는 적막을 너무 두려워하지 말고 편안한 마음으로 그 순간에 충실하라. 다시 대화가 시작될 때를 기다리면서 음식을 먹어도 좋다.

자신의 주량을 늘 염두에 두라

술자리를 앞두고 있다면 평소 자신의 주량이 어느 정도인지, 평소 술버릇은 어떤지를 잘 생각해야 한다. 술 한 잔은 불안이나 부끄러움을 어느 정도 완화해주지만 지나친 음주는 판단력을 흐리게 해 대화를 엉뚱한 방향으로 끌고 갈 수 있다. 과음으로 실수를 할까 봐 걱정되거나 술을 좋아하지 않는다면 마음 편하게 무알코올 음료를 마시도록 하자.

잘 모르는 사람과 식사 자리에 필요한 실용적 팁

친구와의 식사 자리는 편안하다. 서로를 잘 알고 있어 대화가 자연스럽게 흐른다. 누가 주문하고, 누가 이야기를 꺼내고, 누가 계산을 맡아서 하는지가 이미 정해져 있다. 설령 그런 구분이 정확히 되어 있지 않다고 해도 전혀 문제될 것이 없다. 하지만 처음 만난 사람과의 식사는 어떨까?

보통 식사에 초대한 사람이 그 모임을 주도하며 초대받은 사람은 손님이 된다. 초대한 사람이 대화를 주도하고 그 자리의 분위기를 정한다. 식사에서 가벼운 대화를 원할 수도 있고 단도직입적으로 일이나 회사 이야기를 하고 싶어 할 수도 있다.

보통은 자리를 마련한 사람이 계산서를 받아 계산한다. 만약 그 자리가 서로에게 이익이 되는 자리라면 다른 사람이 계산해도 무방하다. 궁극적으로 이런 결정은 주최자가 하도록 한다. 예외가 되는 상황도 있다. 가령, 잠재 고객이 영업사원을 점심에 초대했다면, 영업사원이 비용을 내는 것이 일반적이다. 이와 반대로 식사에서 메뉴를 먼저 선택하는 것은 주로 손님 쪽이다. 보통 이런 자리에서는 자신의 역할을 잘 파악해 그대로 따르면 된다.

기념일 등 특별한 행사

인간의 고유한 특징은 삶의 특별한 순간을 기념한다는 점이다. 우리는 생일, 결혼, 졸업, 은퇴 등 특별한 일이 생기면 축하하고 기념한다.

업무 관련 모임 못지않게 여기에서도 대화가 중요한 역할을 한다. 왜 그럴까? 사람들이 함께 모이는 자리에서 관계를 맺고 유대감을 다지는 행위 자체가 우리 삶의 윤활유 역할을 하기 때문이다. 이런 자리에서 우리는 오랫동안 만나지 못한 가족이나 옛 친구를 만나기도 한다. 그리고 이들과 대화를 나누면서 오랜 세월 동안 굳건해진 관계를 재확인한다.

특별한 모임이나 축하 자리는 대체로 다른 모임보다 가벼운 편이다. 하지만 그렇다고 해서 조심해야 할 대화 예절이 없는 건 아니다. 결혼을 앞둔 친구를 축하하는 파티에서 친구에게 건네는 말은 직장에서 회의 시간에 상사에게 하는 말 못지않게 중요하다. 이런 모임에서 대화할 때 주의해야 할 점을 살펴보자.

모임의 분위기를 존중하라

어른들이 모인 조용한 식사 자리에서 큰 소리로 떠드는 사람이나 즐거운 가족 모임에서 혼자 어두운 표정으로 진지하게 앉아 있는 사람을 본 적이 있는가? 특별한 행사에서는 있는 그대로 솔직한 모습을 보이는 것도 좋지만 최선을 다해 그 모임에 집중하고 다른 사람들의 말과 행동에 어느 정도 분위기를 맞추는 태도도 중요하다.

어릴 적에 처음 참석한 친척의 장례식은 아직도 잊지 못할 경험으로 남았다. 어린 나이였던 나는 내가 지을 수 있는 가장 슬프고 엄숙한 표정으로 애도를 표했다. 그런

데 온 가족이 나를 보고 웃는 게 아닌가!

나의 친척들은 예부터 장례식을 가족들이 모여 함께 이야기를 나누는 기회로 삼았던 것이다. 분위기를 파악한 나는 우울한 표정을 재빨리 지우고 가족과 함께 어울렸다. 이처럼 특별한 행사에는 그 모임만의 '분위기'가 있으며 이 분위기는 가족 구성원, 문화, 상황에 따라 달라진다. 모인 사람들의 분위기를 잘 살펴 대화의 어조와 주제를 정해야 한다.

조금은 사적인 이야기를 나눠도 좋다

가족 모임이나 이웃과의 모임은 밤새 업무 이야기를 하는 자리가 아니다. 자신의 사소한 일상, 상대의 소소한 삶을 나눠도 전혀 어색하지 않은 자리다. 다만 개인적 친분이라 할지라도 그 관계는 공통의 관심사, 공통의 감정을 토대로 유지된다. 좋아하는 음식이나 여가 활동부터 동네의 오래된 교통 체증 문제 혹은 육아 고충 같은 조금 깊은 이야기까지 어떤 주제로 이야기를 나누건 서로 개인적인 삶을 이야기하고 공감대를 형성한다면 더욱 만족스러운 대화가 될 것이다.

주인공을 존중하라

특별한 행사가 다른 모임과 가장 구별되는 지점은 바로 주인공이 따로 있다는 점이다. 누군가 당신을 그곳에 손님으로 초대했다. 따라서 이 모임에서 가장 우선순위로 고려할 점은 당신을 초대한 주인이다. 특별한 행사에 가서 그들을 무시하는 태도는 예의에 어긋난다. 또한 함께 초대받은 다른 손님들도 존중해야 한다.

물론 상황에 따라 주인이나 손님에게 집중할 수 없는 때도 있다. 하객이 400명쯤 온 결혼식에서는 신랑, 신부와 오랜 시간을 보낼 수도 없고 보내서도 안 된다. 초대한 이를 찾아 감사하고, 축하 인사를 전하고, 행복을 빌어주면 된다. 상황이 괜찮다면 가벼운 근황을 주고받는 정도는 괜찮다.

새로운 만남을 시도하라

결혼식 같은 모임에서는 대체로 가장 가까운 사람들끼리 모여 앉는 경우가 많다. 한쪽 테이블엔 신부의 가족이, 또 다른 테이블엔 신랑의 가족이, 저쪽 테이블엔 젊은 나이의 친척들이, 또 다른 테이블엔 연세 지긋한 어른들이 모여 있다.

부끄러움을 많이 타거나 모임을 어려워하는 사람이라면 이런 모임에서 가장 편한 사람들과 함께 어울려도 상관없다. 가까운 이들과 편하게 시간을 보내는 것도 전적으로 괜찮다. 하지만 이런 모임은 대화를 연습할 수 있는 훌륭한 기회라는 점을 잊지 마라. 근사하게 자기소개를 하고, 관심사를 나누고, 다른 사람을 알아갈 수 있는 기회다. 아마 놀라울 정도로 환대받을 것이고, 놀라울 정도로 새로운 사람들을 많이 만나게 될 것이다. 어렵지 않다. 한번 시도해보자!

연습해보기

다시 만나서 반갑습니다

친구, 친척, 오랫동안 만나지 못한 동창생 등 좋아하는 사람 혹은 존경하는 사람을 몇 년 만에 다시 만났다고 생각해보자. 서로 인사를 나누고, 근황을 짧게 나눴다. 이제 무슨 이야기를 해야 할까?
오랫동안 만나지 못했던 친척과 나눌 만한 대화 주제를 몇 가지 떠올려 적어보자. 이 훈련은 단순히 자신의 소식을 전하는 단계를 넘어 더욱 생산적인 대화 주제를 떠올리는 데 도움이 될 것이다.

소개팅

소개팅은 여러 대화 상황 가운데 위험 부담과 보상이 가장 큰 분야다. 여기에서 좋은 모습을 보여주면 평생의 반려자가 보상으로 따라올지도 모른다.

소개팅에서 대화는 얼마나 중요할까? 온라인 데이트 사이트 eHarmony.com에 따르면 여성은 '좋은 대화'를 소개팅에서 가장 중요한 첫 번째 요소로, 남성은 두 번째 요소로 꼽았다.

또한 소개팅을 하는 사람 거의 3분의 1이 소개팅에서 가장 두려운 부분으로 '대화가 순탄하게 풀리지 않는 상황'을 꼽았다. 따라서 대화는 소개팅의 성공과 실패를 가르는 기술이라고 해도 과언이 아닐 것이다.

하지만 아이러니하게도 이 분야는 내향적이거나 부끄러움을 많이 타는 사람에게 가장 유리할 수도 있다. 외향적인 사람들은 지나치게 자기 이야기를 많이 하거나 상대에게 지루함을 쉽게 느끼는 경우가 종종 있는데 이러한 성향 때문에 첫 만남에서 상대방이 흥미를 잃기도 한다. 내향적인 사람이 기본적인 대화 기술과 타고난 성향을 잘 조합하면 상대와 깊은 유대감을 형성할 수 있는 분야가 바로 소개팅이다.

소개팅에 관한 조언은 세상에 넘치고 넘친다. 늦지 마라, 이상하게 굴지 마라, 실례가 되는 사적인 질문은 피하라 등등.

하지만 이 책에서 우리가 집중하는 부분은 어떻게 하면 첫 만남에서 좋은 대화를 할 수 있는가다. 소개팅에서 좋은 대화를 나누기 위한 몇 가지 방법을 살펴보자.

적절한 균형점을 찾자

대부분 첫 만남은 서로를 알아가고 서로의 반응을 살피는 시간이다. 처음에는 가볍고 적당한 대화가 좋다. 지나치게 불평을 쏟아내거나 외모를 평가하는 태도는 소개팅을 망친다.

상대가 어떤 성격인지, 언제 잘 웃는지, 어떤 면이 특별한지 등을 섬세히 알아준다면 상대는 자신이 특별한 존재라는 느낌을 받게 된다. 상대의 말에 진지하게 귀를 기울이며 공감해주고 인정하는 태도는 소개팅에서 가장 강력한 힘을 발휘한다.

듣기가 먼저다

가족 심리치료사로 일하면서 사람들에게 가장 많이 들었던 불평은 데이트하던 상대가 내내 자기 이야기만 하고 혼자 떠들었다는 내용이었다. 적절한 이야기도 물론 좋지만 상대에게 좋은 질문을 하고, 상대에게 진심으로 관심을 가지고, 자신이 어떤 사람인지 진솔하게 표현하는 태도를 적절히 조합하는 균형 감각을 갖춰야 한다.

편안한 상대가 되어라

이 부분은 남녀 모두에게 중요하지만 특히 여성에게 중요한 문제다. 2018년, 온라인 데이트 사이트 Match.com에서 실시한 여론 조사에 의하면 약 5,000명이 넘는 여성이 소개팅에서 가장 원하는 상대로 '편안한 상대'를 꼽았다. 어떻게 하면 상대의 마음을 편안하게 하는 사람이 될 수 있을까?

상대에게 통제권을 주라. 어디에 앉고 싶은지, 어디를 가고 싶은지, 무엇을 하고 싶은지 등 상대가 원하는 것을 잘 살피고 배려해 상대를 향한 존중을 보여주라.

상대의 생각과 감정을 잘 파악하라

소개팅의 가장 중요한 목적은 상대의 생각과 감정을 파악하는 일이다. 상대의 생각과 감정을 알려면 질문을 던지는 방법이 가장 좋다.

1997년 한 심리학자 연구팀에서 진행한 연구에 의하면 몇몇 개인적인 질문이 사랑에 빠지는 속도를 가속화한다. 이 연구는 2015년 『뉴욕타임스』에 기사화되면서 크게 유명해졌다. 이 기사는 사랑에 빠지고 싶은 사람에게 할 수 있는 질문 36가지도 함께 소개하고 있다. '당신이 생각하는 완벽한 하루는 어떤 하루인가'부터 시작해 '삶의 마지막 순간에 누군가에게 하지 못해서 가장 후회될 것 같은 말은 무엇인가'까지 매우 다양한 질문들이었다. 몇몇 질문은 첫 만남에서 묻기에 다소 지나치게 사적인 감이 있지만 상대를 알아가기 위해 유용한 질문도 많았다. 인터넷을 조금만 검색해보면 첫 만남에서 던지기 좋은 질문을 꽤 많이 찾을 수 있을 것이다. '가장 좋았던 여행지가 어디인가', '평소 휴일에는 무엇을 하고 지내는가' 등 가벼운 질문이지만 상대를 파악하기 좋은 질문을 찾아 기억해두자.

이 질문들을 관통하는 중요한 원칙이 하나 있다. 바로 상대를 있는 그대로 모습으로 알아가기 위한 질문이어야 한다는 점이다.

어색한 자리에 도움이 되는 대화법

NBC 방송국 기자이자 『일상의 에티켓』*Everyday Etiquette* 저자 패트리샤 로시는 유명인들과 메이저리그 스포츠 팀 선수들에게 식사 자리에서 지켜야 할 예절을 가르치고 있다. 로시는 식사하면서 대화의 흐름이 끊기지 않고 부드럽게 이어지게 하는 유용한 기술을 제안한다. 패트리샤는 이 기술을 '3P'라고 부른다. 대화를 물 흐르듯 자연스럽게 이어가는 데 도움이 되는 이 규칙은 다음과 같다.

▶ 잠시 기다리기Pausing. 식탁에 먼저 앉았다면 다른 사람들이 외투를 벗고 식사 준비를 완료할 때까지 기다린다. 상대가 준비되기 전에는 먼저 식탁 위 집기를 만지거나 대화를 시작하지 않는다. 잠시 기다리면서 자리에 모인 모든 사람이 식탁에 앉아 대화를 시작할 수 있는 적절한 시점을 파악한다.

▶ 적당한 속도감Pacing. 너무 빨리 혹은 너무 천천히 식사하지 않도록 신경 쓰라. 다른 사람의 속도와 흐름에 맞추라. 그렇게 하면 긴장이 풀려 대화를 더욱 매끄럽게 이어 나갈 수 있다.

▶ 계산Paying. 손님을 초대했다면 계산서를 테이블 위에 올려두지 마라. 그 자리에 모인 모두가 당신이 계산할 것이라는 사실을 알고 있다. 당신이 이 자리를 마련했기 때문이다. 식사를 마칠 무렵 계산서를 두고 서로 어색한 눈치 싸움을 하지 않도록 미리 조용히 처리한다.

맺음말

어떤 자리든 모든 대화에는 공통점이 있다. 제품 홍보 행사든 저녁 식사 자리든 소개팅이든 가장 좋아하는 영화나 스포츠 팀 이야기는 언제나 좋은 대화 소재가 된다. 스몰토크는 삶의 모든 영역에서 인간관계를 단단히 해주는 접착제일 뿐 아니라 친근하고 일상적인 대화의 기본 기술이다.

우리는 살면서 여러 모임을 갖는다. 각 모임마다 성격

과 내용이 다르며 각각의 상황에 맞는 대화를 하려면 때마다 각기 다른 전략이 필요하다. 여기에서 가장 필요한 것이 자신감이다. 자신감만 있다면 누구를 만나 어떤 대화를 하더라도 능숙하게 대처할 수 있다. 모임의 성격과 특징을 파악하는 것은 그 나중 일이다. 이제 다음 장에서는 실전 대화법을 구체적인 사례로 살펴보자.

바로 써먹는 실전 시나리오

“다정한 말은 짧고 쉽지만, 그 울림은 끝이 없습니다.”

• 마더 테레사

지금까지 다양한 모임에서 적용할 수 있는 대화의 기본 원칙을 배웠다. 하지만 실제 상황에서 어떤 말을 할지, 어떻게 행동할지 익히는 것은 또 다른 문제다. 다른 기술과 마찬가지로 대화법 역시 부단한 연습을 거쳐야 완벽히 숙지할 수 있다.

마지막 장에서는 스트레스와 불안을 야기하는 대화의 사례를 살펴보고 더욱 편하게 대처하는 방법을 이야기할 것이다. 이 책에서 소개하는 방법을 자신의 상황에 대입해보라. 더 나아가 자신에게 맞는 상황을 시나리오로 만들어보고 이 책에서 배운 기술을 활용해 어떤 말을 할지 생각해보라. 어떤 대화든 연습이 가장 중요하다.

상황: 모임에서 주최자 한 사람을 제외하고 아무도 모를 때.

조언: 모르는 사람들로 가득한 모임은 내향적인 사람에게 최악의 공간이다. 하지만 몇 가지 단계만 익히면 이런 상황에도 편안하게 대처할 수 있다. 내가 상담했던 사람들에게 매우 효과적이었던 전략은 다음과 같다.

□ 가장 편한 자리에서 시작하라. 먼저 아는 사람과 인사하고 가벼운 대화를 나누라.

□ 그곳에 있는 몇몇 사람들에게 소개를 부탁한다. 어색한 침묵을 깨야 하는 '썰렁한' 분위기 대신 소개 인사가 오가는 '훈훈한' 분위기를 만들어라.

□ 주최자에게 그 자리에 모인 사람들에 관한 정보를 알려달라고 부탁하자. 모임 당일 주최자가 바쁠 것 같으면 모임 전에 미리 부탁하자. 주최자에게 얻은 정보를 토대로 대화를 여는 질문을 생각해두자. 예컨대 "00에서 근무하신다고 들었습니다. 정말 멋지네요. 주로 어떤 일을 하시나요?"라고 말을 걸어보자.

□ 가능하다면 모임에 앞서 대화를 시작하기 좋은 주제를 3~5가지 준비하고, 자신에 관한 이야깃거리도 3~5가지 준비하자. 어떤 일을 하고, 요즘 가장 관심을 가지는 분야가 무엇인지 말해보자. 그래야 누구를 만나 대화를 나눠도 자신감 있게 이야기할 수 있다.

□ 긴장된다는 사실을 솔직히 이야기하자. 대부분 당신의 솔직한 감정을 이해해줄 것이다. 그리고 놀라울 정도로 많은 사람이 "저도 그래요!" 하며 반갑게 화답할 것이다.

□ 마지막으로 늘 '벗어날' 여지를 마련해두라. 자신에게 맞는 속도와 흐름을 유지하고, 필요하다면 사람들

이 모인 곳에서 조금 벗어난 안전한 공간을 찾아두라. 그래야 필요한 순간에 사람들을 피해 휴식할 수 있다. 조금씩, 쉬운 단계부터 차근차근 시도해보자. 연습을 거듭하면서 편안하다고 느끼는 영역을 점차 넓혀가자.

상황: 혼자 기차를 탔는데 옆자리에 수다스러운 사람이 앉았을 때.

조언: 별로 말을 하고 싶지 않은데 꼼짝없이 말을 해야 하는 상황을 맞닥뜨리면 사람들은 종종 두 가지 형편없는 선택을 내리곤 한다. 상대의 끊임없는 수다를 그냥 견디거나 혼자 조용히 가고 싶다고 말해 상대의 감정을 상하게 한다.

현실적으로 훨씬 더 효과적인 방법이 있다. 상대와 적절히 교류하면서 정중하게 경계를 정하는 것이 세 번째 안이다. 상대를 언짢게 하거나 무안하게 하지 않으면서 대화에서 잘 벗어날 방법을 선택해보자. 해야 할 중요한 일이 있다거나 프레젠테이션 자료 준비를 해야 한다고 말해두는 것이다. 어떤 선택을 하든 대화를 하지 못하는 이유가 상대 때문이 아님을 이야기하자.

5장에서 이야기한 '상대를 인정하면서 대화를 마무리하는' 기술이 이 상황에 제격이다. 수다스러운 옆자리 사람과 눈을 맞추라. 실례가 되지 않는 범위 내에서 상대를 향해 몸을 살짝 기울여 관심을 드러낸다. 상대가 어떤 말을 하든 진심으로 받아주라. 그러고 나서 자신이 이야기할 시점이 되면 실례지만 이제 업무를 해야 한다고 말하고 노트북을 펼치라. 아니면 지금 몹시 피곤한 상태임을 설명하고 눈을 감는 것도 좋다. 이렇게 하면 상대는 기분이 전혀 상하지 않고 당신도 편하게 대화에서 벗어날 수 있다.

상황: 입사 후 처음으로 혼자서 고객과 만나 점심을 먹게 되었는 데 고객이 대화 내내 어색하고 불편해 보일 때.

조언: 이 세상에 숫기가 없거나 내향적인 사람이 당신 혼자는 아니다. 자신은 물론 상대까지 편안하게 해주어야 하는 상황도 흔하다. 누구에게나 식사 시간 내내 탈출구 없는 자리에서 누군가와 얼굴을 맞대고 이야기하는 상황이 두려울 수 있다. 여

기에 상대와 당신을 모두 편안하게 해줄 전략을 소개한다.

□ 분위기를 살피라. 식사 자리처럼 긴 시간 누군가를 만나는 자리에서 물 흐르듯 대화를 이어가는 가장 좋은 방법은 부담스럽지 않은 질문을 던지는 것이다. 하지만 부끄러움을 많이 타는 사람에게 질문을 너무 많이 하면 도리어 부담감을 줄 수 있으니 주의하자.

□ 단순하고 부담 없는 질문을 던지라. 요즘 업무 근황을 물어도 좋고 더 가볍게는 오는 길에 차가 막히지는 않았는지를 물어도 좋다. 상대의 반응을 잘 살펴보라. 상대가 머뭇거리거나 대답을 아주 짧게 끝낸다면 그 주제로는 대화를 이어가지 말자. 그럴 때는 대화의 속도를 늦추고 대화의 주도권을 가지고 와서 당신의 이야기로 풀어가라.

□ 자신의 이야기도 하라. 5장에서 언급한 3:1 규칙을 기억하는가? 상대가 지나치게 부끄러움을 많이 타거나 질문에 대답하고 싶어 하지 않을 때는 이 규칙이

적용되지 않는다. 이 경우에는 자신의 이야기에 집중해 상대가 당신의 모습을 알아갈 수 있도록 한다. 가능한 다양성을 내포한 입체적이고 솔직한 모습으로 보이면 좋다. 당신도 가끔 누군가를 만나는 게 불편하다는 솔직한 마음을 슬쩍 비쳐라. 만일 상대가 불편해하는 기색이 없다면 그 이야기를 계속해도 괜찮지만 '굉장히' 어렵다 같은 지나치게 부정적인 표현은 사용하지 않도록 한다.

□ 편안한 지점을 만들라. 편안하고 부드럽게 이야기하고, 상대의 말을 충분히 들어주고, 침묵이든 말이든 어떤 형태로나 상대의 말에 적극적으로 반응하되 상대가 인정받고 있다고 느끼게 반응하라. 차분하고 자신감 있고 부드러운 분위기를 조성하라.

□ 의도적으로 침묵을 활용하라. 6장에서 언급한 '대화 중 잠시 쉬어가기' 기술은 식사 시간에 적용해도 전혀 어색하지 않은 방법이다. (최소한 식사 도중에 한숨을 돌릴 시간 정도는 있어야 한다!) 당신이 이 침묵을 편안하게 받아들이면 상대도 잠시 쉬어가는 이 시간을 편

하게 받아들인다. 대화가 어느 시점에 끝났다면 미소를 짓고 식사에 집중하면서 다시 자연스럽게 대화가 시작되기를 기다리면 된다.

누군가 온화하고 정중한 태도로 당신을 대해주면 어떻겠는가? 유독 수줍음이 많은 사람을 위와 같은 방식으로 대해준다면 그들도 자신만의 울타리에서 나와 만남에 더욱 적극적으로 참여하게 될지도 모른다.

상황: 모임에서 유일하게 아는 사람이 먼저 떠났을 때.

조언: 모임에서 '든든한 존재'가 갑자기 사라지면 무척 당황스럽다. 하지만 이런 상황은 다른 사람과 관계를 쌓을 기회가 되기도 한다. 내내 한 사람과 함께 있지 않아도 된다는 장점도 생긴다. 자유롭게 다니며 사람들을 만나고 원할 때 떠나도 되므로 모임에 대한 부담도 훨씬 줄어든다.

부끄러움을 많이 타거나 대화를 두려워하는 사람이라면 가장 먼저 조금이라도 접점이 있는 사람을 찾아보자. 아래와 같은 방법을 활용할 수 있다.

□ 직접적으로는 모르더라도 방금 떠난 사람과 함께 아는 사람을 찾아보자.
□ 당신과 공통점이 있는 사람을 찾아보자.
□ 홀로 '고립되었다'는 느낌이 든다면 혼자 있는 사람에게 다가가 말을 걸어보자. 어쩌면 혼자 주변을 서성이는 그 사람 역시 이 모임이 어색하고 두려운지도 모른다.

모인 사람들의 경험이나 일 등 대화의 포문을 열기 좋은 질문은 어떤 대화에서든 유용하다. 가능하면 자신이 누구인지, 왜 그 모임에 참석했는지를 짧게 요약해 준비해두자. 사람들과 이야기할 때 원래 이곳에서 아는 사람이 한 명뿐이었는데 조금 전 자리를 뜨는 바람에 혼자 열심히 사람들을 만나고 있다는 말을 유머러스하게 덧붙여도 좋다.

상황: 친구의 결혼식에 혼자 참석했는데 모르는 사람들과 같은 테이블에 앉게 되었을 때.

조언: 이 상황에 해줄 수 있는 최선의 조언은 있는 그대로 그 자리를 즐기라는 것뿐이다.

모임에서 새로운 사람을 만나는 시간은 그들을 알아가고 새로운 관계를 맺을 수 있는 기회다. 예의 있게 자신을 소개하고 신혼부부와의 관계를 물어보자. 그들에 관해서도 물어보고 자신의 이야기도 하자. 신혼부부에 관한 칭찬도 잊지 말자.

그 테이블에서 한동안 시간을 보내야 하므로 무엇보다도 솔직하게 행동하는 것이 좋다. 당신이 유쾌한 사람이라면 유쾌하게, 내성적인 사람이라면 조용히 있되 자신감 있는 태도로 있으면 된다. 물론 그 모임에 어울리는 대화를 계속 나누는 것이 좋다. 필요하다면 술을 약간 마셔도 좋다. 피로연 행사에서는 이 행복한 순간을 축하하고 다른 사람의 축사와 음악에 맞춰 우아하게 분위기를 즐기면 된다.

얼마 전 나도 정확히 이런 상황과 맞닥뜨린 적이 있다. 대가족을 둔 지인의 결혼식에 참석했는데, 나이 지긋한 어른들과 같은 테이블에 앉게 되었다. 그 자리에 참석한 다른 하객들도 대부분 지인의 친척이어서 내가 전혀 모르는 이들이었다. 그 자리가 어땠을까? 모두 아주 좋은 시간을 보냈다. 그때 만난 사람들과는 SNS를 통해 연락하는 친구가 되었고 지금도 주기적으로 연락하고 만난다. 그러니 이런 상황을 기회로 여기고 축하의 시간을 즐기도록 하자.

상황: 동창회에 참석해서 낯익은 얼굴을 발견했다. 그 친구에게 반갑게 인사를 했다. "안녕, 신디! 정말 오랜만이네. 요즘 어떻게 지내?" 그러자 그 친구가 나를 보며 이렇게 말했다. "난 신디가 아닌데."

조언: 살다 보면 누구나 실수하기 마련이다. 실수를 저지르면 보통 "미안합니다" 하고 자리를 이동하곤 한다. 하지만 이런 실수는 다른 사람으로 착각했던 그 친구를 알아갈 수 있는 기회이기도 하다. 다음은 이 실수에 대처하는 몇 가지 방법이다.

□ 실수를 인정하라. 상대에게 사과하고, 분위기가 괜찮은지 살펴라. 누군가 당신을 다른 사람으로 착각했다면 당신도 기분이 좋지 않았을 것이라고 말하라.

□ 유머를 활용하라. 동창회 모임이면 이런 상황에 적절하게 적용할 말을 미리 준비해가라. 예를 들면 이런 식으로 말이다. "젊었을 때는 사람을 착각하는 실수

를 하지 않았는데 나이가 드니 자꾸 이러네. 아무래도 안경을 다시 맞춰야 하나 봐!"

□ 자신을 소개하라. 이런 상황을 만회하려면 상대가 신디가 아니라 해도 여전히 중요한 존재임을 느끼게 해주어야 한다. 손을 내밀어 자신을 소개하고 상대의 이름을 물어보자. 상대가 긍정적으로 대답하면 가볍게 대화를 나눠보자. 상대에게 질문을 던지거나 동창회 모임을 재밌게 즐기고 있는지 등을 물어보자.

이런 실수는 생각보다 흔하게 일어난다. 긴장을 풀고 자신감 있게 대처하면 상황이 잘 마무리될 것이다. 어쩌면 새로운 인연을 만날 기회가 생길지도 모른다.

상황: 새 직장에 출근한 첫 주다. 구내식당에서 점심을 먹는데 옆에 앉은 사람이 말을 걸어온다. "죄송하지만 입을 다물고 음식을 씹으시면 안 될까요? 쩝쩝대는 소리가 너무 거슬려서요."

조언: 신입사원으로서 이런 무안을 당하면 어떻게 대처해야 할지 감이 서지 않을 것이다.

우선 자신 때문에 누군가가 괴로웠다는 사실을 받아들이고 기꺼이 상황을 고침으로써 주도적으로 문제를 해결한다. 누군가에게는 이런 불만이 터무니없이 까다로운 요구가 아닐 수도 있다. 다른 사람이 음식을 먹는 소리나 다른 사람이 내는 소리 등에 병적으로 민감한 청각과민증을 앓는 사람도 꽤 많다.

방어적인 태도 대신 먼저 사과를 건넨 뒤 자신을 소개하는 것도 좋다. 이런 식으로 말을 건넬 수도 있다. "불편하셨을 텐데 죄송합니다. 알려주셔서 감사해요. 제 이름은 조지예요. 회사에 온 지 첫 주밖에 안 돼서 아직 적응이 안 되네요. 만나서 반갑습니다."

십 대 시절, 나도 비슷한 경험을 한 적이 있다. 한 친구가 내게 발을 질질 끌며 걷는 것이 몹시 거슬린다고 말했고 나는 위에 언급한 대처법과 비슷하게 대응했다. 내 경우에는 그 대처법이 아주 효과적이었다. 그 사람과 결혼한 지 어느덧 40년이 넘었기 때문이다!

상황: 구직 면접을 보기 위해 면접장에 도착했다. 직원의 안내에 따라 면접장에 들어갔다. 면접관은 약 5~10분 후에 도착한다고 한다. 면접 장소까지 당

신을 안내해준 직원과 함께 면접관을 기다려야 한다. 이 상황에서 그 직원이 말을 걸어오면 어떻게 할 것인가?

조언: 면접을 기다리며 면접관이 아닌 사람과 시간을 보내는 경우는 면접장에서 꽤 흔한 일이다.

무엇보다 그 직원도 면접관이라고 생각해야 한다. 그 직원뿐 아니라 회사에서 만나는 모든 사람이 면접관이라고 생각해야 한다. 어떤 기업은 구직자가 면접관이 아닌 다른 직원 즉, 면접을 도와주는 직원이나 안내데스크 직원, 용역 직원 등을 대하는 태도를 채용 여부에 반영하기도 한다. 이는 구직자가 다른 사람들과 얼마나 잘 지내는지 판단하는 좋은 잣대가 되기 때문이다.

면접을 도와주었던 직원이 당신에게 받은 첫 느낌이 바로 직장에서의 당신의 이미지와 연결된다. 그 직원에게 하면 좋은 행동과 하지 말아야 할 행동을 살펴보자.

□ 관심을 보이라. 직원 개인의 신상과 관련된 부적절한 질문이 아니라 그 회사에서 어떤 업무를 하는지, 얼마나 오래 다녔는지 등 업무에 관련된 질문을 하라.

□ 긍정적이고 전문적인 내용으로 즐겁고 가벼운 대화를 나누라. 당신의 업무 분야, 사는 곳, 구직하려는 회사에 관한 내용 등 모두 좋은 주제다. 하지만 그 직원이 일부러 묻지 않는 한 당신의 개인적인 취미, 가족 관계, 사생활과 관련된 내용은 대화의 주제로 적절하지 않다.

□ 자신을 홍보하지 마라. 각종 자격증과 경력은 면접 시간에 충분히 이야기할 수 있다. 면접을 기다리는 짧은 시간에 홍보해야 할 것은 당신의 정중함과 자신감이다.

□ 그 직원을 회사 내부 정보를 캐기 위한 사람으로 여겨서는 안 된다. 가령 이런 질문은 금물이다. "실제로 이 회사 어때요?" 그 직원이 아무리 친절하고 대화에 적극적이어도 그는 당신이 아닌 회사 편이다.

□ 마지막으로, 아무 말 없이 정적이 감돌게 하지 마라. 자칫 사회성이 없는 사람처럼 보이거나 그 직원에게 거부감이 있는 사람으로 보일 수 있다. 이 시간에 나

누는 대화는 첫인상에 중요한 역할을 하므로 최선을 다해 좋은 대화를 나눠야 한다.

상황: 가족 모임에 참석했다. 당신은 늘 목소리 높여 정치적 신념을 이야기하는 삼촌 옆에 앉게 되었다. 게다가 삼촌은 당신과 정반대의 정치적 견해를 가졌다.
아니나 다를까 삼촌은 안부 인사를 마치자마자 곧장 정치 이야기를 시작했다. 이 대화를 어떻게 풀어가야 할까?

조언: 아마 대부분의 가정에 이런 사람이 한 명은 있을 것이다. 보통은 다른 곳으로 시선을 돌리거나 그냥 삼촌의 고함을 견디거나 재빨리 자리를 옮기곤 한다. 최악의 전략은 이길 수 없는 싸움에 도전하는 일이다.

그저 도망치거나 싸우는 것 말고도 좋은 방법이 얼마든지 있다. 삼촌의 의견을 존중해주는 방식이다. 의견을 존중한다고 해서 그 의견에 동의하는 것은 아니다. 다음은 삼촌의 의견에 존중을 표하는 말들이다.

□ 삼촌이 어떤 생각이신지 충분히 이해해요.

□ 정말 화나는 일일 것 같아요.

□ 그런 정치 신념을 가진 사람들이 아주 많지요.

□ 좋은 의견이라고 생각해요.

여기서 목표는 삼촌을 충분히 합리적인 사람으로 만들어주는 것이다. 삼촌을 인정하는 말에 '양념'을 더 많이 칠수록 좋다. 왜 그럴까? 누군가 자기 말을 잘 들어주고 깊이 존중해준다고 생각하면 상대의 견해도 더욱 열린 마음으로 귀 기울여 듣고 받아들일 가능성이 커지기 때문이다.

물론 이 전략에는 한계가 있다. 만약 삼촌이 선을 넘는 발언을 할 경우, 가령 성차별이나 인종차별, 동성애 차별 같은 혐오 발언을 한다면 그 대화는 이미 즐거운 대화의 영역을 넘어섰으므로 자신의 신념을 넘어서까지 그런 발언을 인정해줄 필요는 없다.

하지만 단순히 정치 이야기에 흥분하는 것이라면 위 언급한 전략이 효과를 발휘한다. 상대의 말을 잘 들어주기만 해도 일방적인 대화를 서로를 존중해주는 대화로 바꿀 수 있다.

상황: 친구의 소개로 소개팅 자리에 나가 카페에서 상대를 기다리고 있다. 마침내 상대가 문을 열고 들어왔다. 당신은 그 사람에게 첫눈에 반했다. 서로 소개를 마친 후 그 사람에게 가장 먼저 무슨 말을 해야 할까?

조언: 소설은 소설일 뿐이다. 좀 더 실질적인 접근 방식을 찾아보자.

사실 정해진 답은 없다. 하지만 하면 좋은 행동과 하지 말아야 할 행동은 있다. 소개팅에서 좋은 첫인상을 주기 위해 해야 할 행동과 하지 말아야 할 행동을 알아보자.

□ 상대를 편안하게 해주라. 상대는 당신을 한 번도 만난 적이 없다. 상대도 당신 못지않게 긴장했을 것이다. 당신과 근사한 저녁 시간을 보내길 간절히 바랐을 수도 있고 형편없는 사람이 나올까 봐 전전긍긍했을 수도 있다. 다정하고 사려 깊은 질문으로 대화를 여는 전략은 언제나 옳다. 예를 들어 자리가 불편하지는 않은지 혹은 어떤 음식을 먹고 싶은지를 물어보라.

□ 상대를 만나서 기쁜 마음을 표현하라. 이 자리에 와줘서 고맙다고 말해도 좋고 만나서 정말 기쁘다고 표현해도 좋다.

□ 자신의 본모습을 슬쩍 보여주라. 부드러운 유머든 조용한 자신감이든 있는 그대로의 모습이든 만남에 앞서 보여주고 싶은 모습을 미리 생각해두자.

□ 지나치게 사적인 이야기, 지나치게 부정적인 이야기는 삼가라. 당신은 영혼 깊이 통할 누군가를 찾고 있을 수도 있고, 인생에서 아주 힘든 시기를 보내고 있을 수도 있다. 하지만 둘 다 처음 만난 자리에서 이야기할 적절한 주제는 아니다.

□ 식당 직원, 에어컨, 교통 정체, 기타 이런저런 문제로 화내지 마라. 약간의 투덜거림이나 유쾌한 유머는 괜찮지만 욱하며 화내는 것은 금물이다.

□ 외모를 평가하지 마라. 인상이 좋다고 말하는 것 정도는 괜찮지만 몸매 이야기는 금물이다.

□ 어떤 상황에서든 진솔하고 가볍고 다정하게, 상대를 존중하는 태도를 유지하라.

첫인상은 어디서나 중요하지만 소개팅에서는 특히 중요하다. 위 전략을 적용해 좋은 첫인상을 주고 난 뒤에는 편안하고 솔직하게 이야기를 나누라.

상황: 좋아하는 연예인을 만나기 위해 긴 줄을 서고 있다. 마침내 당신 차례가 되었을 때 어떤 인사말을 건네면 좋을까?

조언: 공인들은 대체로 팬들에게 친절하고 관대하다. 하지만 공인도 여느 사람들처럼 감정을 느끼는 인간이다. 이는 길고 피곤한 팬미팅 자리에도 예외 없이 적용된다. 꿈에 그리던 연예인과 어떻게 하면 멋진 만남을 가질 수 있을까?

□ 진심 어린 칭찬은 아무리 들어도 질리지 않는다. 그 사람의 무대 공연 혹은 최신 앨범이 마음에 들었는가? 그런 이야기를 들려주라. 자신의 재능을 칭찬해 주는 인사는 수백 명에게 비슷한 칭찬을 들었어도

질리지 않고 기쁠 것이다. 사람들을 행복하게 해주는 것이 궁극적으로 그들이 무대에 서는 이유다.

□ 행복을 빌어주어라. 공연이 성공하기를, 멋진 무대를 만들기를 빌어주고 이 자리에 참석해줘서 고맙다고 말하라.

□ 인사는 짧게 하자. 사인을 받고 사진을 찍었다면 이제 고맙다고 말하며 자리를 비켜주자. 뒤에 기나긴 줄이 있다는 사실을 기억하고 말그대로 가벼운 대화를 나누자.

맺음말

지금까지 대화가 무섭고 피하고 싶은 사람들을 위한 대화의 기술을 배웠다. 진심으로 이 내용이 여러분에게 유용하고 실질적인 도움이 되길 바란다. 이전에는 한 번도 보지 못했던 관점으로 대화를 바라보게 되길 바란다. 내향적인 사람이든 불안이 심한 사람이든 누구나 조금만 준비를 하면 대화를 잘할 수 있다는 관점이다. 자신감을 가져라.

이 장은 실생활에 적용할 수 있는 여러 사례로 끝맺었다. 아마 여러분은 살면서 이보다 훨씬 다양한 상황에 놓일 것이다. 여기서 소개한 방법들을 연습하고 적용하다 보면 훨씬 다양한 상황에서도 두려움 없이 대화를 주고받을 수 있다. 나의 고객들도 그랬다. 이 책에서 소개한 전략이 대다수가 사용하는 전략보다 훨씬 효과적이라는 사실도 깨달을 것이다. 여러분이 이 대화법을 숙지해 자신감 있는 대화의 달인이 되도록 돕는 것, 이것이 나의 궁극적 목표다.

그럼 행운을 빈다!

□ □ □ 참고문헌 □ □ □

들어가며

Kessler, Ronald, Patricia Berglund, Olga Demler, Robert Jin, Kathleen Merikangas, and Ellen Walters. "Lifetime Prevalence and Age-of-Onset Distributions of DSM-IV Disorders in the National Comorbidity Survey Replication." *Arch Gen Psychiatry* 62, no. 6 (2005): 593-602. https://doi.org/10.1001/archpsyc.62.6.593.

1장

Barker, Eric. "Does Small Talk Make a Big Difference?" *Barking Up the Wrong Tree*. 2019. https://www.bakadesuyo.com/2012/02/does-small-talk-make-a-big-difference/.

Bonderud, Doug. "From Music to Missile Defense: The Very Interesting Life of Jeff Baxter." *Northrop Grumman Now*. May 24, 2017. https://now.northropgrumman.com/from-music-to-missile-defense-the-very-interesting-life-of-jeff-baxter/.

Chen, Kay-Yut, and Marina Krakovsky. *Secrets of the Moneylab: How*

Behavioral Economics Can Improve Your Business. New York: Portfolio Penguin, 2010.

Cherry, Kendra. "Social Cognition in Psychology." *VeryWellMind*. Last modified August 13, 2019. https://www.verywellmind.com/social-cognition-2795912.

Epley, Nicholas, and Juliana Schroeder. "Mistakenly Seeking Solitude." *Journal of Experimental Psychology: General* 143, no. 5 (2014): 1980-1999. http://dx.doi.org/10.1037/a0037323.

Gerbyshak, Phil. "Phil Gerbyshak—Sales Speaker, Sales Trainer, Social Media Speaker and Strategist." *Phil Gerbyshak*. www.philgerbyshak.com.

The Henry Ford. "The Vagabonds." Accessed July 6, 2019. https://www.thehenryford.org/collections-and-research/digital-resources/popular-topics/the-vagabonds/.

Nordquist, Richard. "Phatic Communication Definition and Examples." *ThoughtCo*. Last modified March 11, 2019. https://www.thoughtco.com/phatic-communication-1691619.

BrainyQuote. "Olin Miller Quotes." Accessed July 4, 2019. https://www.brainyquote.com/quotes/olin_miller_104682.

Oxford Dictionary, s.v. "small talk," accessed July 4, 2019. https://www.

lexico.com/en/definition/small_talk.

Pitts, Anna. "You Only Have 7 Seconds to Make a Strong First Impression." *Business Insider*. April 8, 2013. https://www.businessinsider.com/only-7-seconds-to-make-first-impression-2013-4.

Presentation Training Institute. "Famous People Who Overcame Shyness." June 8, 2018. https://www.presentationtraininginstitute.com/famous-people-who-overcame-shyness/.

Sandstrom, Gillian M. and Elizabeth W. Dunn. "Social Interactions and Well-Being: The Surprising Power of Weak Ties." *Personality and Social Psychology Bulletin*. April 25, 2014. https://doi.org/10.1177/0146167214529799.

Wallace, Jennifer Breheny. *Wall Street Journal.*. "The Benefits of a Little Small Talk.", 2016. https://www.wsj.com/articles/the-benefits-of-a-little-small-talk-1475249737.

2장

American Psychiatric Association. "Social Anxiety Disorder." *Diagnostic and Statistical Manual of Mental Disorders, Fifth Edition (DSM-V)*. Washington, DC: Author, 2013.

Anxiety and Depression Association of America. "Ricky Williams: A

Story of Social Anxiety Disorder." Accessed July 30, 2019. https://adaa.org/living-with-anxiety/personal-stories /ricky-williams-story-social-anxiety-disorder.

Carducci, Bernardo. "Shyness: The New Solution." *Psychology Today*. January 1, 2000. https://www.psychologytoday.com/us/articles/200001/shyness-the-new-solution.

Collingwood, Jane. "The Physical Effects of Long-Term Stress." PsychCentral. Last modified October 8, 2018. https://psychcentral.com/lib/the-physical-effects-of-long-term-stress/.

ESPN Press Room. "Ricky Williams: College Football Analyst." Accessed July 31, 2019. https://espnpressroom.com/us/bios/ricky-williams/.

Kessler, Ronald C., Wai Tat Chiu, Olga Demler, and Ellen E. Walters. "Prevalence, Severity, and Comorbidity of Twelve-Month DSM-IV Disorders in the National Comorbidity Survey Replication (NCS-R)." *Archives of General Psychiatry* 62, no. 6 (June 2005): 617-627. https://doi.org/10.1001/archpsyc.62.6.617.

Live Science Staff. "Personality Set for Life by 1st Grade, Study Suggests." *Live Science*. August 6, 2010. https://www.livescience.com/8432-personality-set-life-1st-grade-study-suggests.html.

Mayo Clinic. "Social Anxiety Disorder (Social Phobia)." Accessed July

10, 2019. https://www.mayoclinic.org/diseases-conditions/social-anxiety-disorder/symptoms-causes/syc-20353561.

The Myers & Briggs Foundation. "MBTI Basics." Accessed July 9, 2019. https://www.myersbriggs.org/my-mbti-personality-type/mbti-basics/home.htm.

Psychology Today. "Shyness." Accessed July 9, 2019. https://www.psychologytoday.com/us/basics/shyness.

Psychology Today. "Social Anxiety Disorder (Social Phobia)." Accessed July 9, 2019. https://www.psychologytoday.com/us/conditions/social-anxiety-disorder-social-phobia.

Rampton, John. "23 of the Most Amazingly Successful Introverts in History." *Inc Magazine*. July 20, 2015. https://www.inc.com/john-rampton/23-amazingly-successful-introverts-throughout-history.html.

Ross, Dalton. "Anthony Scaramucci Among 12 New Celebrity Big Brother Houseguests." *Entertainment Weekly*. January 13, 2019. https://ew.com/tv/2019/01/13/celebrity-big-brother-cast-anthony-scaramucci/.

Social Anxiety Association. "What Is Social Anxiety Disorder? Symptoms, Treatment, Prevalence, Medications, Insight, Prognosis." Accessed July 9, 2019. https://www.socialphobia.org/social-anxiety

-disorder-definition-symptoms-treatment-therapy-medications-insight-prognosis.

Stephen, Eric. "Zack Greinke on Social Anxiety Disorder: 'It Never Really Bothered Me on the Mound.'" *SB Nation—True Blue LA*. February 15, 2013. https://www.truebluela.com/2013/2/15/3992668/zack-greinke-dodgers-social-anxiety-disorder.

3장

Brown, Brené. *The Gifts of Imperfection: Let Go of Who You Think You're Supposed to Be and Embrace Who You Are*. Center City, MN: Hazelden, 2010.

Dyer, Wayne W. Your Sacred Self. New York: Harper Paperbacks, 1996.

Gallagher, Richard S. *No Bravery Required: A Clinically Proven Program for Fears, Phobias and Social Anxiety*. CreateSpace, 2017.

GoodTherapy. "Cognitive Behavioral Therapy (CBT)." Last modified June 5, 2018. https://www.goodtherapy.org/learn-about-therapy/types/cognitive-behavioral-therapy.

Health Research Foundation. "Famous People with Social Phobia." Accessed July 11, 2019. https://healthresearchfunding.org/famous-people-social-phobia/.

LeVan, Angie. "Seeing Is Believing: The Power of Visualization." *Psychology Today*. December 3, 2009. https: //www.psychologytoday.com/us/blog/flourish/200912/seeing-is-believing-the-power-visualization.

Scott, Elizabeth. "Cognitive Restructuring for Stress Relief." *VeryWellMind*. August 8, 2019. https://www.verywellmind.com/cognitive-restructuring-for-stress-relief-3144919.

WebMD. "Stage Fright (Performance Anxiety)." Accessed July 12, 2019. https://www.webmd.com/anxiety-panic/guide/stage-fright-performance-anxiety.

4장

Australian Institute of Professional Counsellors. "Encouragers, Paraphrasing and Summarising." *Counselling Connection*. 2009. https://www.counsellingconnection.com/index.php/2009/07/21/encouragers-paraphrasing-and-summarising/.

Bergland, Christopher. "The Neuroscience of Making Eye Contact." *Psychology Today*. March 25, 2014. https://www.psychologytoday.com/us/blog/the-athletes-way/201403/the-neuroscience-making-eye-contact.

Bunn, Tom, and Lisa Hauptner. "5-4-3-2-1 Exercise" (video). *Soar*. Accessed August 9, 2019. https://www.fearofflying.com/free-video

/5-4-3-2-1-exercise.shtml.

Carducci, Bernardo. "Shyness: The New Solution." *Psychology Today*. January 1, 2000. https://www.psychologytoday.com/us/articles/200001/shyness-the-new-solution.

The Free Dictionary, s.v. "systematic desensitization," accessed July 22, 2019. https://www.thefreedictionary.com/systematic+desensitization.

India Today. "Did You Know the Modern Handshake Dates Back to 5th Century BC and It Meant Something Else?" Last modified April 17, 2018. https://www.indiatoday.in/education-today/gk-current-affairs/story/did-you-know-handshake-dates-back-to-5th-century-bc-and it-had-a-secret-meaning-1213396-2018-04-16.

Khazan, Olga. "Why Some Cultures Frown on Smiling." *The Atlantic*. May 27, 2016. https://www.theatlantic.com/science/archive/2016/05/culture-and-smiling/483827/.

Krys, Kuba et al. "Be Careful Where You Smile: Culture Shapes Judgments of Intelligence and Honesty of Smiling Individuals." *Journal of Nonverbal Behavior* 40 (2016): 101. https://doi.org/10.1007/s10919-015-0226-4.

Navarro, Joe. "Our Valued Space." *Psychology Today*. February 8, 2012. https://www.psychologytoday.com/us/blog/spycatcher /201202/our-valued-space.

Navarro, Joe, and Marvin Karlins. *What Every BODY Is Saying: An Ex-FBI Agent's Guide to Speed-Reading People*. New York: William Morrow, 2008.

Oxford Dictionary, s.v. "impression," accessed July 13, 2019. https://www.lexico.com/en/definition/impression.

Thompson, Jeff. "Mimicry and Mirroring Can Be Good... or Bad." *Psychology Today*. September 9, 2012. https://www.psychologytoday.com/us/blog/beyond-words/201209/mimicry-and-mirroring-can-be-good-or-bad.

Ward, Alvin. "Proper Handshake Etiquette in 14 Countries." *Mental Floss*. December 28, 2015. http://mentalfloss.com/article/62070/proper-handshake-etiquette-14-countries.

5장

Gallagher, Richard S. *The Customer Service Survival Kit: What to Say to Defuse Even the Worst Customer Situations*. New York: AMACOM, 2013.

Gallagher, Richard S. *How to Tell Anyone Anything: Breakthrough Techniques for Handling Difficult Conversations at Work*. New York: AMACOM, 2009.

Grohol, John M. "Become a Better Listener: Active Listening."

PsychCentral. Last modified October 8, 2018. https://psychcentral.com/lib/become-a-better-listener-active-listening/.

6장

Aron, Arthur et al. "The Experimental Generation of Interpersonal Closeness: A Procedure and Some Preliminary Findings" *Personality and Social Psychology Bulletin* 23, no. 4 (April 1997): 363-377. https://journals.sagepub.com/doi/pdf/10.1177/0146167297234003.

Catron, Mandy Len. "To Fall in Love with Anyone, Do This." *New York Times*.. 2015 http://www.nytimes.com/2015/01/11 /fashion/modern-love-to-fall-in-love-with-anyone-do-this.html.

Gottman, John, and Nan Silver. *The Seven Principles for Making Marriage Work: A Practical Guide from the Country's Foremost Relationship Expert*. Revised ed. New York: Harmony, 2015.

Howard, Laken. "What Women Want on a First Date, According to a New Survey." *Bustle*. February 1, 2018. https://www.bustle.com/p/what-women-want-on-a-first-date-according-to-a-new-survey-8073488.

Jones, Daniel. "The 36 Questions That Lead to Love." *New York Times*.. 2015. https://www.nytimes.com/2015/01/11/fashion/no-37-big-wedding-or-small.html.

Mojaverian, Taraneh. "What Do Men and Women Want in a First Date?". 2019. https://www.eharmony.com/blog/what-do-men-and-women-want-in-a-first -date/#.XTKSgndFyUk.

Rossi, Patricia. *Everyday Etiquette: How to Navigate 101 Common and Uncommon Social Situations*. New York: St. Martin's Griffin, 2011.

Rossi, Patricia, Interview by Richard Gallagher. Small Talk Etiquette for Social Situations. Accessed July 22, 2019. https://bit.ly/2yfXTQc.

Slattery, Felicia J. Kill the Elevator Speech: Stop Selling, Start Connecting. Shippensburg, PA: Sound Wisdom, 2014.

7장

Inc.com. "23 Mother Teresa Quotes to Inspire You to Be a Better Person." Accessed October 29, 2019. https://www.inc.com/bill-murphy-jr/23-mother-teresa-quotes-to-inspire-you-to-be-a-slightly-better-person.html.

WebMD. "What Is Misophonia?" Accessed July 20, 2019. https://www.webmd.com/mental-health/what-is-misophonia.

대화가 무서운 사람들을 위한 책

1판 1쇄 발행 2024년 1월 5일
1판 3쇄 발행 2024년 9월 5일

지은이 리처드 갤러거
옮긴이 박여진
발행인 박명곤 **CEO** 박지성 **CFO** 김영은
기획편집1팀 채대광, 김준원, 이승미, 김윤아, 이상지
기획편집2팀 박일귀, 이은빈, 강민형, 이지은, 박고은
디자인팀 구경표, 유채민, 임지선
마케팅팀 임우열, 김은지, 전상미, 이호, 최고은

펴낸곳 (주)현대지성
출판등록 제406-2014-000124호
전화 070-7791-2136 **팩스** 0303-3444-2136
주소 서울시 강서구 마곡중앙6로 40, 장흥빌딩 10층
홈페이지 www.hdjisung.com **이메일** support@hdjisung.com
제작처 영신사

"Curious and Creative people make Inspiring Contents"
현대지성은 여러분의 의견 하나하나를 소중히 받고 있습니다.
원고 투고, 오탈자 제보, 제휴 제안은 support@hdjisung.com으로 보내 주세요.

현대지성 홈페이지

이 책을 만든 사람들
기획 박일귀 **편집** 이은빈 **디자인·일러스트** 구경표